弹奏人生
西摩·伯恩斯坦访谈录
PLAY LIFE MORE BEAUTIFULLY
CONVERSATIONS WITH SEYMOUR

西摩·伯恩斯坦（SEYMOUR BERNSTEIN）
安德鲁·哈维（ANDREW HARVEY） 著
肖聿 译

中国人民大学出版社
·北京·

译者序

《弹奏人生：西摩·伯恩斯坦访谈录》（*Play Life More Beautifully：Conversations with Seymour*）是美国2016年2月出版的新书。亚马逊图书网站的评介说："（它）融合了回忆与哲理，融合了经验与反思，消除了师生界限。西摩和安德鲁以同样的直率与慷慨之心，提供了一堂大师课，讲述了如何用我们最充分、最高尚的自我奏出人生。"

这本书不但是为音乐家、音乐院系师生和古典音乐爱好者写的，而且是为所有苦恋艺术、笃爱人生的人写的。本书是两位老者对艺术和人生的感悟。对音乐、友谊、家庭、教育、信仰、死亡等人生各方面，他们都有发人深省的灼见。因此，无论是艺术门里还是门外的人，无论是狭义的还是广义的艺术家，都可能与本书有缘。缘是一种灵犀相通，一种心领神会，一种相悦何必曾相识。与本书有缘的人自会领悟它的价值，也会参照它的指引，找回迷失的自我。

这本书不是两位作者七天的对话实录，而是以对话的形式纵谈从艺和做人的美文。这是一种常见的文体，意在将思想观点附丽于实际的或虚构的人物和情境，使之更鲜明生动、更具感情力度。柏拉图是对话体写作的大家,他的《对话录》被喻为"流淌着银子的河"。孟子也是对话体写作的大家,其《梁惠王》《公孙丑》《滕文公》等篇如同话剧对白,谈锋犀利,朗朗上口。狄德罗的哲理小说《拉摩的侄儿》也是对话体,将思想主题故事化、情节化,被恩格斯誉为"辩证法的杰作"。对话体的另一佳例,是我 2002 年翻译的荷兰哲学家曼德维尔(Bernard Manderville)的名著《蜜蜂的寓言》(*The Fable of the Bees*,1714)下卷的六篇对话。

开卷大多有益,开老者所著之卷,尤其如此。有智慧的老者写书,岁月和经验已能使他们少写甚至不写废话和假话了。他们很少啰唆,很少卖弄,很少媚俗之态,因为已无必要。他们的著述兼具立德、立言之功,大多不会是自恋或自怜之作。他们愿将几十集的连续剧浓缩为时长一两个小时的电影,而不愿把一两个小时的电影拉长为四五十集的兑水连续剧。本书两位国际知名的作者,就是这样的老者。西摩·伯恩斯坦 1927 年生,2015 年写此书时 88 岁,是从艺 70 多年的古典钢琴家、作曲家、音乐教育家。安德鲁·哈维 1952 年生(比我大一岁),写此书时 63 岁,是诗人、作家、翻译家和心灵导师。他们从事不同的艺术,年纪相差 25 岁,却相慕相知,惺惺相惜,又殊途同归,在本书中表达了相同的人生观、艺术观和价值观。

耄耋之年的西摩是本书当之无愧的主角。2014 年,美国著名演员伊桑·霍克(Ethan Hawke)首次执导的纪录片《西摩简介》(*Seymour:An Introduction*),成功地展示了西摩的生活、工作、艺术理念和人生智慧。《华尔街日报》说:"这部影片不仅奉献了音乐,也是对一种无限激情的研究,还有关于艺术和人生的智慧源泉,来自一个不知艺术与人生之别的人。"西摩在本书第二部分告诉我们,他的师爷莱谢蒂茨基(Leschetizky)是车尔尼(Czerny)的学生,而车尔尼正是贝多芬的弟子。可见,西摩是实至名归的古典钢琴演奏大师。他的古典钢琴演奏和教学取得了骄人的成就,获得了世人的尊敬和赞美,但他并不以大师自居,而是恬淡超然,生活俭朴,88岁还睡着折叠式沙发床(见本书第一部分"开始交谈")。纪录片《西摩简介》中,西摩是一位睿智、谦逊的忠厚长者,德艺双馨,淡泊名利,谈话舒缓从容,给学生上课时毫无大师派头,倒像是与朋友聊天。乐如其人,他在纪录片中演奏了古典作曲大师的幻想曲、间奏曲、夜曲和摇篮曲等作品,都显示了这位老人对音乐深刻、独到的理解。由繁华归于平淡,由炫技变为"被音乐演奏",唯有从事了70余年音乐艺术的大家才能达到这样的境界。

本书第四部分"教学"中"舞蹈"的一节,会给人们极大的启发。两位老者把从事艺术活动视为"与生活共舞"的最佳方式。安德鲁评论西摩的演奏时说:"看你弹琴时,我看到的是一位舞者,一位镇定、智慧、忘我的舞者。你的全部,你的身体、头脑、灵魂和精神,都在和音乐这个无形的世界共舞。"西摩说:"从某种意义上说,我们就是舞者。我们制造的每个瞬间都是舞蹈。我们的手指,我们的手腕,我们的胳膊,我们的身体,我们的腿,在踏板上——我们必须做出舞蹈术要求的正确动作,否则,我们就无法把我们感到的和想到的表达出来。"

音乐的"舞者"做到了忘我,便使自己与乐器结成了一体,这种忘我境界就是西摩所说的"被演奏"。更重要的是,两位老艺术家还将这些从艺经验运用到了人生的操作层面；他们进一步提出了"宇宙即舞蹈，生活即舞蹈"的见解，指出了艺术与生活的同一性。西摩·伯恩斯坦说："不要浪漫地以为艺术家及其艺术不同于生活。把生活视为一门艺术，懂得这种艺术要求你不断地付出全部，这就是在向你挑战，要求你达到更深层的身心平衡，要求你更精确地理解每一瞬间中的全部要素。"（这是安德鲁接受采访时引用的话。）无论是音乐表演，还是生活的操作，"舞者"都应力争做到放与收、自由与限制的辩证统一，用闻一多谈创作的话说，叫作"戴着枷锁跳舞"，用孔子的话说，叫作"从心所欲不逾矩"。在这个意义上，音乐是最自由的艺术，也是最不自由的艺术。对这两极的把握，区别了庸人与英才。本书的话题由音乐扩大到了人生，这是把艺术实践提到了"道"的高度。从这个意义上说，本书不但涉及授业（音乐教学），更是传授了人生之道。

无独有偶，英国著名哲学家、心理学家海夫洛克·埃利斯（Havelock Ellis，1859—1939）也有同样的见地。他64岁时写了一部总结性的著作《生活的舞蹈》（*The Dance of Life*，1923），其开篇第一句就说："生活完全是一门艺术，但人们总是难以懂得这一点。认识到生活是一门艺术，比艺术地生活更难，因为人们或多或少都在艺术地生活。"在第二章中，他进一步说："舞蹈是对一种普遍节奏的实际感染力的模仿，不但那种普遍节奏是生命的标志，而且，你若将宇宙对我们的影响称为宇宙，那么，舞蹈也是宇宙的标志。""在我们自己这个时代，尼采始终都在表明他十分痴迷将生活艺术视为舞蹈的观念，在那种舞蹈里，舞者获得了心灵在一百支达摩克利斯剑阴影下的节奏自由与和谐。"对照这些论述,在艺术与人生的关系问题上,本书两位作者与埃利斯真可谓"英雄所见略同"了。

安德鲁·哈维在本书"欢迎词"中说:"愿本书所有读者都能得到像我得到的这么珍贵的礼物,或得到更珍贵的礼物。"翻译此书,就是一次与大师的神交,一次与智者的对话,这就是我从中得到的珍贵礼物。我想,此书的读者也一定会有同感。

肖聿
2016年6月

安德鲁·哈维的欢迎词

亲爱的读者,你们是来享受快乐的。当年我第一次见到西摩,就知道面前是一位人杰,令人敬畏,又平易近人。他身穿考究的深蓝色天鹅绒上衣,站在上曼哈顿西区(Upper West Side)托尼·齐托[1]公寓的门口,粲然地笑着。这个难忘的第一印象,随着我们的友谊而加深了。

当时,西摩第一次见到了我们的朋友伊桑·霍克[2]。我永远忘不了,我坐在伊桑对面,目睹他渐渐成了西摩的魅力和深刻思想的俘虏。这两人紧靠在一起,几乎头碰着头。一年后,西摩为伊桑、托尼、我和他工作室里的几位朋友演奏。我们都被深深地感动了。我请伊桑为这位奇人拍一部纪录片,而让我大喜的是,伊桑同意了。

若非要我描述我认识的西摩(你们将在这几页里看到我的描述),我会引用一位道教朋友的话说:"智者如玉——坚不可摧,却闪着柔光。"我不知道能不能说西摩坚强如玉,但他的本性是坚不可摧。他的思想广博而精深,他的信念专一而清晰,深深地打动了我。他更打动我的是对目标的孜孜以求——有时直率得灼人,时常狂欢般地庆祝人生和人性的转折，总是把同情扩展到一切造物，尤其是动物。西摩很坚强，但也很柔顺，易受伤害，易受感动。他坚定不移地忠于一种内心的召唤，忠于为他人服务的深刻义务。我不知道有谁比他更受朋友们的珍重。我生活中的最大快乐之一是：伊桑·霍克拍的那部绝妙的纪录片，把西摩介绍给了全世界数十万人，如今他们熟悉了这个非凡之人，以他为榜样，使人生有更多激情和目标，更美地奏出人生。

西摩和我都怀着五个方面的激情：对音乐的激情；对精神治愈力的激情；对教学的激情，即引导出他人心中最美好的东西；对友谊的激情，即把友谊视作最完整、最能改造人的爱的形式；以及对动物的激情，它深厚而持久。我们都爱交际，都爱独处，都警惕名望和成功的诱惑。当然，我们彼此迥异，各有各的人生使命，各有各的脾气禀性，但我们的心灵却被自己热爱和尊重的东西连在了一起，无法泯灭；并且，当我们面对面时，各自最好的品性便会盛开，毫不矫揉造作，这种自然纯朴直到今天仍令我们惊讶，使我们谦和。我们都知道，自己从对方获得了人生的一份最快乐的礼物，而正是这种互相感激，使我们能从友谊最不可思议的开始，就不知羞惭地彼此敞开心扉。

作为本书材料的那些对话都十分生动，令人欣然，愉快轻松，整整持续了一个星期，当时的阳光十分耀目，地点就在西摩在缅因州海边一座简朴的木屋里。我们坐在屋前的沙发上，屋外的草坪高低不平，草坪上杂乱地盛开着野花，大海的波光不断变换。我们交谈了几个小时，只是去镇上买鱼肉和蟹肉饼时才会暂停。难忘的是，有一次去达马里斯科塔[3]买的牡蛎太新鲜了，仿佛入口即化。我发现自己学到了很多——关于真正的爱己（self-love），关于原谅的奥秘，关于一切真正学科的精确性与责任，关于动物与人类不可思议的亲密，关于无拘束的友谊炼金术般的创造力。一星期后我离开他时，感到自己比前几年更有自信，更加愉快，满怀热情地重新投入了自己的工作。坐在回家的飞机上，我懂得了：这几天我一直在和一位最罕见的人物交谈——一位毕生从事教学的真正长者。无论给花栗鼠喂杏仁，还是教学生一首巴赫的托卡塔，无论是放映一部电影后令上千人迷醉，还是合起双手，闭着双眼，坐在海边一把松软的椅子上——西摩都是个88岁的儿童，满怀好奇之心。

愿本书所有读者都能得到像我得到的这么珍贵的礼物，或得到更珍贵的礼物。愿我们一起跳的这场舞能启发你们，使你们在一位著名神秘主义诗人所说的"上帝的燃烧的舞池"[4]场地上，更大胆、更欢悦地起舞。

注释：（本书注释均为译者所加）

[1] 托尼·齐托（Tony Zito）：美国数字视频媒体制作人，1994年毕业于布朗大学（艺术及符号学），曾获2006年技术工程艾美奖（美国电视艺术暨科学学院奖），现就职于迪士尼公司。

[2] 伊桑·霍克（Ethan Hawke，1970年生）：美国电影演员、编剧、导演、作家，2001年凭影片《训练日》（*Training Day*）获第74届奥斯卡奖最佳男配角提名。

[3] 达马里斯科塔湖区（Damariscotta）：美国缅因州一湖区。

〔4〕克里斯·托姆林（Chris Tomlin，1972年生）：当代美国歌手、作曲家，2013年发布了音乐专辑《燃烧的光》（*Burning Lights*），其中的一首宗教赞美诗叫《上帝的巨大舞池》（*God's Great Dance Floor*），并无"上帝的燃烧的舞池"（God's burning dance floor）这句歌词，因此作者也许将这两者弄混了。作者称托姆林为"神秘主义诗人"，是因为托姆林从14岁起就投身宗教音乐事业，其活动包括演出、制作音乐专辑、为教堂的夏令营工作、创办宗教音乐网站，并捐资建造了亚特兰大的一座教堂。

目 录

第一部分　开始交谈

1. 影片：意外之喜　　　　　　　　　　　003
2. 影片：八十八年后的一夜成功　　　　023

第二部分　音乐

3. 音乐的魔力　　　　　　　　　　　　051
4. 音乐与暗影　　　　　　　　　　　　081

第三部分　家庭

5. 原谅或不原谅　　　　　　　　　　　095
6. 神圣的和不那么神圣的女性　　　　　126

第四部分　间奏曲

7. 创造性、孤独和爱己　　　　　　　　159

第五部分　教学

8. 授受之谜　　　　　　　　　　　　　183
9. 最佳教师：克利福德爵士　　　　　　201

10. 日常教学实践　　　　　　　　223

11. 舞蹈　　　　　　　　　　　　241

尾声　尊重生活　　　　　　　　257

鸣谢　　　　　　　　　　　　　263

第一部分
开始交谈

1. 影片：意外之喜

安德鲁：我们坐在你在海边的这间安静的村屋里，安逸，愉快，周围是大自然，作这番令人激动的交谈。

西摩：近来在我遇到的所有事情里，这次跟你一起写这本书是我深为期盼的。

安德鲁：你刚刚有过一次罕见的、令人惊异的经验。你86岁时，过着比较安静的生活，一心致力于教授、创作、写作和演奏音乐，意外地结识了著名影星伊桑·霍克，他拍了一部关于你的影片，片子取得了惊人成功。说说那次改变了你生活的见面吧。

西摩：回忆那次见面，我永远都不会厌烦。三年前，我的钢琴学生安东尼·齐托博士[1]打电话请我去吃晚饭。我不是热衷社交的人。其实，我不愿和众多陌生人聚会，那些人无所事事，啜饮鸡尾酒，聊着鸡毛蒜皮的事情。因此，我问托尼还请了谁。他答道："安德鲁·

哈维，他在世界各地讲演，写作关于精神的话题。还请了演员伊桑·霍克。还有我妻子黛安，我的朋友彼阿特丽斯（Beatrice）也来。"

说实话，我从没听说过你说的这两位，既没听说过安德鲁，也没听说过伊桑，但我的心机还够用，因此接受了你的邀请。接着，我用谷歌搜索了你说的这两位，我的发现令我惊讶：我当然记得，我看到了《死亡诗社》[2]和伊桑·霍克，并且的确被他的行为感动了。可是，看见你们坐在桌旁，纵谈"神圣行动主义"[3]时，我惊呆了。当时你们真是激情澎湃。

安德鲁：那次晚餐，我记得很清楚。我尤其记得我们的交谈。当时，伊桑对你无拘无束的开放态度，让我惊讶。

西摩：那场围桌交谈，围绕着才能、表演和舞台恐惧展开。伊桑先谈起了舞台恐惧的话题，坦言最近那种恐惧对他的影响几乎毁了他。我自己也谈论过舞台恐惧，在我的几本书里写了很多。就如何表述和应对表演前的焦虑（preperformance anxiety），我那时能和伊桑分享一些有价值的信息。这部纪录片里，他其实承认了我对他的帮助比其他任何人都多。晚餐时，我也谈论了一个我很赞同的思想。我们都知道，生活会影响我们写作、行动和做音乐的方式。但人们大都不明白也存在与此相反的情况：我们的才能，或者说艺术技巧，无论它具有什么形式，都界定了我们，因此也影响了我们的人生。

晚餐后，你和伊桑都说很想听我演奏。我更喜欢用自己的钢琴弹奏，所以请你们两人去我自己的住宅。但你们当时正要去旅行，伊桑还在着手拍一部新电影，我不得不等了一年多，你们才接受了我的邀请。那其实对我很有好处。我 50 岁时便不再开独奏音乐会了，所以我的演奏状态并不是很好。

安德鲁：我很难相信那个！

西摩：可那是真的！因此，我勤奋地练琴，为你和伊桑组织了一场一个小时的节目。我弹完了这场私人演奏会以后，你们先说了话。你们从沙发上起身，擦了擦汗，朝我走过来，把双手放在我肩上，用激动得发颤的声音，热诚地说："不管你要不要，我们都要拍一部关于你的纪录片。伊桑当导演。"

事情就是这么开始的。我几乎不知道自己很快就会投入一个将改变我人生的计划，而我怎么都想象不到改变我人生的那种方式。伊桑迷上了一个思想：我们的才能代表了我们的本质，表明了我们是谁，因此也影响了我们的人生，构成了这部以这个主题为中心的纪录片。他提出了这样一个片名：《西摩简介》（*Seymour：An Introduction*）。这部片子包含的信息如今已经传遍了世界。

安德鲁：现在这部电影上映了，而你突然飞到全国各地去出席电影节，接受人们的夹道欢呼，接受媒体采访。谁知道，也许还能获得奥斯卡电影奖提名呢！从这部电影首映起，你的生活就出现了不可避免的新转折。我们所有的人在纽约那个晚宴上相识之前，你的生活是什么样子？是什么改变了一切？

西摩：亲爱的安德鲁，你问起这个问题，这真有趣，因为我一直在思考这个问题。当然，成为一部纪录片的拍摄对象，那部片子由一位世界知名的影星做导演，这起初就像一个梦，我全心期盼从那个梦中醒来。有好几个月，我走路时一直都很恍惚。我曾对每一个人都说，这部纪录片改变了我的人生，但那还不是全部。在某种意义上，这部纪录片是以往一切事情的延续。我是说，我总是被赞美和爱包围着，很欣赏自己做的事情。新闻界也对我格外宽厚。这部纪录片虽然使这一切增加了十倍，它还是没有如此彻底地改变我的人生。

我给你举个例子：我开独奏会的那些大厅，比银幕上出现的礼堂大得多。我经常受到夹道欢呼。我给大师班上课时，教师和学生们对我的奉承，很像观众看过这部纪录片之后的反应，只是热烈得多。但这都同属一类。因此，我便有了一种感觉，仿佛这部纪录片注定会成为我人生的收尾，是一种过分的赞赏，与（例如）我在新泽西给大师班上课后的预期相反。想想吧，安德鲁，我指的是全体世人的赞美，其中一些对我来说太过分了。但我以前说过，那种情况跟我以往的经历没有多少不同。真正的变化是：**我 88 岁时成了电影明星**！

安德鲁：我们 2012 年 11 月相识的三个星期前，你是怎么想象你的晚年生活的？

西摩：哦，我只是一如既往越来越深地沉浸在神圣的音乐艺术中。我总是觉得，自从我不再开独奏音乐会，彻底摆脱了与它相关的紧张，我对音乐的演奏和理解都加深了。这给了我极大的快乐，因为这使我能把我懂得的道理传给我的学生们。我的主要目的一直就是想做出一些贡献。我发现，当我使我的学生或同事理解了某个事情，便会感到我正在实现自己的人生目标。反过来说，这也让我对自己感觉良好。人们会发现，说"我爱自己"是在追求个人满足，因为很多人身上更常见的是爱己（self-love），而不是自我批评（self-criticism）。爱你自己，类似于认识一个人演奏的优点和缺点。我认为，我们不该简单地说一句"我今天过得很好"，就把我们最好的演奏扔到一边。我们若不知道我们为什么演奏得美，便不能在表演中再现演奏的真正精髓。另外，只注意我们没做成的事，批评自己，只注意我们的失败，而不承认我们的优点和我们演奏的优点，我们还很容易学会憎恶自己。

安德鲁：这么说，你当时的真实感觉是：你想继续更深地进入音乐，分享你的发现，而那个发现就是你的人生目标。

西摩：那是我人生目标的一部分。我人生目标的另一部分，就是死后要留下某种切实的东西，其形式或是乐曲，或是著述。例如，我写了很多文章和诗，甚至从没想过发表。我写它们时，想的是我死后会有人发现它们。另外，在 YouTube[4] 上，我还有 200 多个现场演奏钢琴的演出视频。

安德鲁：当你知道要拍一部电影，你怎样对待拍电影？发生了什么？

西摩：哦，首先，你当时告诉我要拍一部电影，我首先想到的是：好吧，他们到底为什么想拍我这样一个人的纪录片？我有什么特殊之处？伊桑这样的大演员为什么想导演这部片子？正如他所说："我总在想，生活影响我的行为方式。而西摩使我认识到：我的每一个做法都能影响我的生活。我从没想到过这一点。"所以我认为，他最想做的事情，就是在拍这部纪录片的过程中进行探索。我认为他的想法是：西摩到底是什么样的人？**他是如何集音乐家和人于一身的？**

其实，所有的人都能达到这种统一。只要你对某件事情怀着激情，不一定是对某个专业的激情，把那种激情或兴趣发展到极致，便能达到这种统一。在这个过程中，这种统一的一切要素都在发展；而所谓"这种统一的一切要素"就是你的精神世界、情感世界、智力世界和肉体世界。这是因为，唯有如此，你才能把它们引进你的个人生活。

安德鲁：我认为，伊桑的才华出类拔萃。像很多有才华的人一样，他也在探索最深的自我——这种探索的目的是：把他们做的事情和日益真诚的他们结合在一起。

西摩：换句话说，就是界定他们的身份。

安德鲁：对。

西摩：这么说，你理解了我在纪录片里关于人的身份的说法，那就是：依我看，界定我们身份的本质，就是看我们具备什么才能。顺便说一句，这部纪录片里的一切都自然而然。没有剧本，没有排练。

安德鲁：真的！

西摩：我参加"问答访谈"[5]之前，把这部拍纪录片至少看了20遍。让我惊讶的是，我一谈起某件事情，它便会自动地冒出我的脑子，可以说，完全自然而然。我写某些事情时，永远不能像我在纪录片里谈论它们时那么简明。直播"问答访谈"期间，每当有人问伊桑："跟西摩合作这部电影，情形如何？"，他总是说："西摩一直说着带分号和冒号的完整句子。"我从来都不知道自己是那么做的。

我坚信，人人都具备某种才能，或具备某种隐秘欲望，那就是想具体探究某件事情。它可能类似于缝纫、园艺、甚至烹调。它是什么并不重要。但我深信，无论我们具备哪种才能，对我们真正是谁，它都是关键。

安德鲁：跟伊桑拍电影，究竟是怎样的？这部片子是怎么拍出来的？

西摩：哦，你知道，我三十多岁时拍过一部录像片。它的标题叫《你和钢琴》（*You and the Piano*），是我的书《用你自己的双手》（*With Your Own Two Hands*）里的一个片段。那部录像片是昆·马修斯（Quin Mathews）拍的，他是得克萨斯州达拉斯市的电视新闻主播。他是热诚的业余钢琴演奏者，刚买了一台汉堡施坦威钢琴（Hamburg Steinway），想拍一部关于我的纪录片。因此，我们便把我那本书中的那个部分用在了片子里。当然，那部片子根本不像伊桑设想的这部片子。

在我的琴房和伊桑第一次拍片时，我的心跳得快极了，使我不知道自己能不能说出话来。在约定的时间，门铃响了起来，摄制组的人员到了，他们是音响师和摄影师希瑟·史密斯（Heather Smith）、格雷格·鲁瑟（Greg Loser）和拉姆齐（Ramsey）。亲爱的安德鲁，当时的设备多极了，电缆多极了，几乎使我无法在我房间里走动。又过了半小时，伊桑和他的妻子赖安（Ryan）到了。让伊桑来到我自己的琴房，这是一种特别的经历。他毕竟是一位那么有名的演员。伊桑对我说的第一句话是："你紧张吗？"我说："很紧张。"他答道："哦，紧张的不只是你。"

所以他也紧张。你知道，我们将要在我的房间里拍摄，那是这部片子的开头。我知道要拍什么吗？一无所知。在两年半的拍摄期间，直到摄影机转起来，我都一直不知道要拍什么。我认为，这部纪录片这么吸引人，部分原因就在于它的自然性（spontaneity）。同样，你现在跟我在一起，也自然地记录我们的谈话，我知道会从中出现某种不可思议的东西。回来说说当时我房间里的情形吧。伊桑和我开始交流思想，像我们初次见面时那样。其间，赖安插话说："你们俩都别在这一分钟里说话！西摩，别跟我丈夫说话了，到沙发那儿去。你说的每一句话都会被拍进片子里！"对此，我们大笑了起来。一切终于准备好了，我们开始拍摄。我在钢琴旁边，不知道自己为什么要坐在钢琴旁边。摄影师拉姆齐站在我的窗子前，摄影机先对着我的左手，然后转向室内。伊桑坐在钢琴旁边的椅子上。顺带说一句，你在这组镜头中见不到他，只能见到我。我突然听到了他的声音："西摩，弹一首和精神有关的曲子吧。"于是我弹起了巴赫的一首改编曲。他说："你弹的是什么曲子？"我告诉了他。奇怪的是，最后剪辑出来的纪录片里根本没有这一段。伊桑只保留了他认为拍摄一部有说服力的电影所必需的东西。他毕竟不能保留一切。不过，那是第一次拍摄的情形。起初，我怕得要死。但是到了第三次拍摄时，我一点儿都不紧张了。

安德鲁：所以，他具备使你彻底放松的巨大才能。

西摩：我不认为他让我放松了。我想，我只是对正在做的事和我完成它的能力有了信心。我多次在一些重要的音乐厅完成了演奏。你完成了一次之后，就像有一双支撑你的胳膊把你带入下一次挑战。现在我参加了拍片，前几次拍摄时，我说话时并没有脸朝下地倒下去。看来那双支撑我的胳膊又出现了。

安德鲁：我想，他毕竟做了一件事，那就是给你确立一个非常生动具体的目标：在你离开舞台 40 年之后再度登台演出。对他来说，这个目标是个才气惊人的要求。

西摩：哦，第一次拍摄前，我们讨论他为什么要拍这部纪录片。我记得他是这么说的："我特别想向年轻人表明：对一门艺术的全心投入如何影响了一个人的人生。"我对伊桑说，这正是我那本书《用你自己的双手》的主题。更具体地说，这本书讲的是：认真学习和演奏音乐，不但能使你成为更好的音乐家，更重要的是，能使你成为更好的人。那次见面快结束时，伊桑肯定认为他要提的问题一定会伤害我的感情，因为他轻声说道："我是剧组的一员。我们不大懂古典音乐。我知道，你在 37 年间举办独奏会，但你愿意为我的剧组开一场独奏会吗？"我记得我的脸色变白了——

安德鲁：对你来说，这太可怕了！

西摩：的确可怕，安德鲁，因为刹那间我就被抛进了我人生的一个阶段，我不愿谈起它。我静静地坐了一会儿——你知道头脑是怎么运作的——过了几分钟，但仿佛只过了几秒钟，我脑子里闪出了一个想法：为什么伊桑要我做出这种极大的牺牲，走出退休状态，作为独奏家，来到聚光灯下？我想，这部片子将大量地记录我的教学，此刻我想起了那句愚蠢的格言："能者做，不能者教。"[6]因此我立刻知道，我必须证明我仍然能做。这个念头闪过我的脑子时，我禁不住对伊桑说："好吧，我愿意这么做。"会面结束后，我飞快地跑回自己的房间，收集了一大堆音乐——我完全知道自己要演奏什么——我开始每天练琴 8 小时，直到拍摄那场独奏会，它是大约四个月之后演出的，在 4 月。我再次练琴时，就像我要在纽约首演似的。

安德鲁：你为那场独奏会选了什么曲子？

西摩：伊桑告诉我，他的同事们不太懂音乐。我没打算弹（例如）长达30分钟的舒曼《幻想曲》。不过，它最后一个乐章显得很完美，特别是它还和一个爱情故事有关。舒曼写这部作品，是为了他心爱的克拉拉[7]，把这部乐曲送给她，对她说，她就是他生命的音符，就是他的"秘密的偷听者"[8]。我想，听众大概会迷上这段故事。另一些曲子相当短，表达了多种情绪——一首巴赫的改编曲，一首斯卡拉蒂的奏鸣曲，还有一首勃拉姆斯的间奏曲。我还决定演奏自己写的一首曲子，曲名《小鸟》（Birds）。独奏会结束时，听众中一位很好的钢琴家走到我面前，满怀赞美地说："您的《小鸟》组曲里怎么没有'老鹰'（Hawk）呢？"你知道我当时做了什么吗？知道吗？

安德鲁：你去了缅因州，为伊桑写了一首美妙的曲子！

西摩：是的。我写了一首曲子，名叫《老鹰》（Hawke），以字母e结束。我弹奏了它，录了音。它在YouTube上。伊桑听了它，被征服了。

安德鲁：现在我们谈谈伊桑吧，因为这部片子的最令人惊异之处之一，就是伊桑待你的那种非常温和、深深的尊重。他是一位重要的世界级影星，能毫不费力地把他自己的戏剧、他自己的生活强加给这部纪录片，可是，他在整部影片中对待你的方式，却实实在在地体现了真正的友谊和真正的尊重。

西摩：我当时对此很震惊。这部片子拍了两年多，终于剪辑了。伊桑租了一间小放映室，让我和一些受邀的客人看片子。他告诉我："你第一次见到自己出现在电影里时，你会讨厌它。所以，请你带几位能在观后客观地说出看法的朋友来吧。"我请了迈克尔·齐麦尔曼、比尔·菲尼奇奥[9]，还请了市川淳子（Junko Ichikawa），她是我最喜欢的学生之一，也被拍进了电影；还有索尼公司的小野山广幸（Hiroko Onoyama），我50多年的老友。1960年，我随国务院旅行团去日本时，广幸的母亲还为我安排了在日本的演奏会。

安德鲁：因此你才开始演奏《蓝色狂想曲》[10]。

西摩：不，安德鲁，那场演出是在1955年。那年，我在东京第一次公演了格什温的《蓝色狂想曲》，在当时的日比谷音乐厅[11]。指挥是近卫秀磨[12]，战前日本首相[13]的弟弟。想象一下日本公众初次听到那部作品、并由那么著名的人物指挥的情景吧。我们还是回来说说这部纪录片吧。大家都来了。我们进了放映室。灯光暗了下去，电影一开演，我就知道第一个场景是一年前在我琴房里拍的。当时，伊桑走到了我钢琴对面房间的一角。"伊桑，你站在那儿干吗？"我问道。他从不回答我的问题，却马上问拉姆齐准备好拍摄了没有。我们当时就是这样拍摄的。我始终都不知道自己下一分钟该做什么。

后来，伊桑突然对我说："今天我想让你练习你要为我的剧组表演的独奏曲,想让你一边练习一边大声说话。"

我说:"可我练琴时从不大声说话!"

"啊,你不自言自语吗?"

我承认:"说实话,我自言自语。"

"好,你现在就大声自言自语吧。"

我练了一首斯卡拉蒂的奏鸣曲,却总是错过跳到一个八度音。解决这个问题的过程中,我大声说出了我为纠正这个错误采取的各种办法。看到这部纪录片开头这一段时,我十分震惊,大呼:"伊桑,这太令人惊奇啦!"坐在我前面的迈克尔·齐麦尔曼转过身,分明是被我打扰了,大声说:"闭嘴,我正听你的片子呢!"

电影放完,我流泪了。我的第一句评论是:"伊桑,你几乎没在这部纪录片里露面!"他说:"我想出现多少回,就能出现多少回。"

安德鲁:你怎么看待伊桑跟你的交往?我认识伊桑六七年了。他怀着一种深刻而热烈的渴望,渴望成为真正的艺术家,成为深刻而完整的人。

西摩:晚餐上见到伊桑后,我感到他正在寻找什么,尚无进展,还没找到他要找的东西。我想,他拍这部纪录片不仅是为了我,也是为了他自己。

安德鲁:这很可能。

西摩：我相信，他觉得我有一种他正在寻找的素质，那就是把艺术家与人结合起来的能力。在我，这种整合是通过我从事音乐而自动出现的。但对大多数人来说，它却必须是一种有意识的活动。你必须关注你的情感世界、智力世界和肉体世界，观察你不断从事艺术时它们如何整合起来。我认为，在艺术世界里，你更容易达到这种整合，因为社会的世界太无法预料了。你跟你的艺术和艺术实践独处时，达到这种整合会容易得多。

安德鲁：你觉得，伊桑当时对这种深刻人格与技艺的完美结合很着迷吧？

西摩：对，安德鲁，我认为他正在寻求一种整合。他拍摄这部纪录片，就是想发现这种整合是怎么发生的。

安德鲁：从某种意义上说，他在寻找一位导师。他在你身上发现了一位能和他的心灵共鸣的导师。他的天才在于创造了一部电影，他在片子里把他发现的这位导师介绍给每一个人。

西摩：我首先是教师，15岁起就开始教学了。我86岁时认识了伊桑。我的教学生涯很长，对吗？一天，一个当教师的学生问我："学生给你演奏后，你怎么知道对他说什么呢？"以前没人问过我那个问题。可我马上知道答案了："哦，很简单。你要变成你的学生。你尽量让自己具备这个学生的方方面面，即他或她的情感世界、智力世界和肉体世界，然后自问：我怎么改进我的演奏？到那一刻，你便知道对学生说什么了。"

我认为伊桑意识到了这一点。他知道，他谈到自己的舞台恐惧时，我跟他有最深切的同感，因为我自己也有过舞台恐惧。所有的表演者都体验过某种程度的表演前的焦虑。我不能说这种焦虑会使人人都崩溃，但表演者都听说过舞台恐惧。那么，最好的对策是什么呢？要挺过舞台恐惧，你必须做一种练习，那就是虽然恐惧，也尽力表演下去。你摆脱不了它。你要接受它，把它看作你不得不接受的一部分。你要做的，是某种超人的事情。作为音乐家，你必须当着大量观众，凭记忆弹奏一首复杂的乐曲；作为演员，你必须记住莎士比亚《麦克白》的台词，还必须以充沛的感情表达出那些词句。这个过程能帮我们超越自己。这个责任太重大了！它当然会使你紧张。你自问：我真值得这么做吗？我准备好这么做了吗？你若灰心了，它便一定会使你紧张。我谈到了舞台恐惧，所以伊桑知道我们都有过这种体验。吃饭时，我大胆地问他："你的紧张有什么表现？"他十分惊异地看着我。你还记得他怎么说的吗？

安德鲁：不记得了。

西摩：他说："我觉得自己快说不出话来了。"

安德鲁：对。

西摩：换句话说，就是记忆失灵。所以，我马上向他推荐了一篇文章，登在某一天的《纽约时报》上。文章作者说，他们对一些世界著名的演奏家做过一次调查，问题是"你为什么紧张？"他们一致认为，80％的紧张是害怕记忆失灵造成的。

看来，伊桑也不例外。他有一种令他崩溃的紧张，那就是担心他的记忆会失灵。他表演的那部分要求他记住大量的东西，也就是背好台词。我凭记忆弹奏有60页乐谱的贝多芬奏鸣曲时，也是如此——那是一项不可抗拒的责任！因此，我给伊桑讲了迈克尔·拉宾[14]的故事。他是最伟大的小提琴家之一。遗憾的是，他三十多岁就去世了。迈克尔·拉宾有一位伴奏者，名叫米切尔·安德鲁斯（Mitchell Andrews），也是我的朋友。迈克尔·拉宾在事业的鼎盛期，突然得了恐惧症，害怕自己演出时琴弓会掉下去。这种恐惧对他的表演产生了负面影响。一天晚上，他的恐惧症表现得很明显。他指着乐谱上的一处，对弹伴奏的米切尔·安德鲁斯说："米切尔，看见这个和弦了吗？你一弹出它，恐怕我的琴弓就会掉。所以你得准备好才是。"表演中，迈克尔·拉宾一直毫无瑕疵，直到拉到那个和弦。接着，他的琴弓真的掉了。"啪"的一声，掉在了台上！观众吓愣了。出现了片刻寂静。他弯腰捡起琴弓，自语道：瞧啊，我还活着。他从头至尾地完整演奏了那首乐曲，赢得了咆哮般的喝彩。此后他再没有过那种恐惧症了。我把这个故事讲给了伊桑。

几星期后，我们拍片时，伊桑对我说："我演过一出戏，演到一半，我的记忆失灵了。我发出了一声令人血凝的尖叫。但我还是把戏演了下去。每个观众都以为那声尖叫就是戏的一部分。谁都不知道我忘词儿了。"他又说："我想我已经摆脱我的恐惧症了。"

安德鲁：那个绝妙的故事很感人。它让我想起了约翰·吉尔古德[15]对我说过的话："每当我忘了词，我就瞪眼四顾，自言自语。观众认为我在表演'吉尔古德'[16]。我一想起下一句台词，便会精神饱满地（con brio[17]）把它说出来。"

西摩：你知道，经过多年表演之后，我终于决定把我的独奏事业进行到底了。经过这么长时间我才做出这个决定，唯一的原因是想借舞台摆脱我的一种恐惧，那就是担心自己不再能应对音乐上的挑战。我知道，战胜那些音乐挑战会使我更强，以应对人生的一切兴衰变迁。

我确实讨厌舞台。我知道，我的艺术和西摩完全是一个整体。我若不能演奏到最好，那就意味着作为人的西摩和作为音乐家的西摩，已不再是一体了。所以我决定不再放弃，一直到我能以我预想的艺术家应有的方式，在一些重要的音乐厅公开演奏。猜猜发生了什么吧——我真的实现了那个目标。我虽然紧张，但还是很好地完成了演奏。

听了录音带上那些演出的结果，我很自豪。达到了这个标准后，我觉得自己有权停止我的独奏生涯了。可那不仅是因为我想逃避紧张。压力、甚至纪录片都会使我决定停止独奏演出。主要的理由是：我每日以半天的教学作为生计，用余下的时间练琴。没时间发挥创造性，换句话说，没时间作曲和写作。所以我50岁时便想：我的生命正在流逝，我要写几本书，作些曲子。要如此，唯一办法就是停止自己的独奏生涯。在纽约92街举行的告别独奏会上，我宣布了这个决定，我的家人、朋友和学生都吓坏了。不过，我后来也确实在一些重要的场所演奏过室内乐。

离开音乐会舞台这么多年了，我一直满足于自己的教学、作曲和写作生活。我50岁离开音乐会舞台时，若有人对我说："你88岁时会成为电影明星"，我会说：那是我听说过的最荒唐可笑的事。

安德鲁：以前我以为，在任何年龄上，做电影明星都很荒唐。可我现在看到了，你正享受着名声，就像鲸鱼享受着大海。你天生就该成为名人，亲爱的西摩。

注释：

[1] 安东尼·齐托博士（Dr. Anthony Zito）：即本书"欢迎词"中提到的托尼·齐托（Tony Zito），毕业于布朗大学。托尼（Tony）为安东尼（Anthony）的昵称。

[2]《死亡诗社》（*Dead Poets Society*）：美国1989年的青少年励志影片，获第62届奥斯卡金像奖最佳原创剧本奖。伊桑·霍克当时只有18岁，在此片中饰演一个懦弱少年。该片中文译名是《春风化雨》。

[3] 神圣行动主义（Sacred Activism）：安德鲁·哈维2005年在美国新墨西哥州圣达菲（Santa Fe）的瓜达卢佩圣母大教堂（Santuario de Guadalupe）提出的创意。他认为，神圣行动主义"熔合了神秘主义者对上帝的激情和激进主义者对正义的激情"，是解决当今世界重重危机的可行方式。在

其畅销著作《希望：神圣行动主义指导》(*The Hope：A Guide to Sacred Activism*，2009)中，他将神圣行动主义解释为：用智慧、爱和见于行动的同情这些改造力量，从根本上改变世界。

[4] YouTube：美国一家视频分享网站，2005年2月注册运行。

[5] 问答访谈(Q & A sessions)：电影节上，影片制作者在影片放映后与观众见面和互动。

[6] 能者做，不能者教(Those who can, do, and those who can't, teach)：爱尔兰裔英国作家萧伯纳(George Bernard Shaw，1856—1950)在其轻喜剧《人与超人》(*Man and Superman*，1905)中曾用此话贬低教师。此话亦称"门肯定律"(H. L. Mencken's Law)；门肯(Henry Louis Mencken，1880—1956)是美国评论家、记者、《美国信使》杂志主编。

[7] 克拉拉(Clara Schumann，1819—1896)：德国女钢琴家，舒曼之妻。

[8] 秘密的偷听者(secret eavesdropper)：舒曼在其《幻想曲集》(*Fantasie*，1837)中引用的格言，指知音者。

[9] 迈克尔·齐麦尔曼(Michael Kimmelman)：美国作家、《纽约时报》建筑评论家、钢琴独奏家，西摩·伯恩斯坦的学生。比尔·菲尼奇奥(Bill Finizio，即William Finizio，1969年生)：美国钢琴家。

[10] 《蓝色狂想曲》(*Rhapsody in Blue*)：全名《为钢琴和乐队写的蓝色狂想曲》(*Rhapsody in Blue for piano and orchestra*)，美国作曲家乔治·格什温(George Gershwin，1898—1937)作于1924年。

[11] 日比谷音乐厅(Hibiya Hall)：东京日比谷公园内的户外音乐厅，建于1903年，曾被1923年日本关东大地震夷为平地。

[12] 近卫秀磨(Konoe Hidemaro，1898—1973)：日本音乐指挥家。

［13］战前日本首相：指近卫文磨（Konoe Fumimaro，1891—1945），日本第34、38、39任首相。

［14］迈克尔·拉宾（Michael Rabin，1936—1972）：美国小提琴家，为罗马尼亚犹太人的后裔，7岁学琴。其母为钢琴家，其父为纽约交响乐团的小提琴手。

［15］约翰·吉尔古德（Sir John Gielgud，1904—2000）：英国著名戏剧和电影演员，以表演莎士比亚戏剧闻名，代表作有莎剧《哈姆雷特》《罗密欧与朱丽叶》《裘利斯·恺撒》等。

［16］表演"吉尔古德"（doing a "Gielgud"）：吉尔古德以惯于大声说出自己心中的想法而闻名，故此处说他"表演吉尔古德"，意为他在自言自语。

［17］con brio：音乐术语（意大利语），精神饱满地。

2. 影片：八十八年后的一夜成功

安德鲁：这部影片的确让你"一夜成功"了。这是罕见的经历，但其实在生活里，人们往往根本没有运气获得成功。有些人很不幸，突然的成功最终给他们带来的不是福，而是祸——中了彩票的人最终离了婚，或者把钱花光了，重返贫困。对你来说，这部影片的成功是个意料之外的、不折不扣的幸福。

西摩：对观众对这部片子的反应，人人都感到吃惊。我们在特柳赖德参加了电影节[1]，首映了我们这部纪录片。赖安为我们大家（就是希瑟、格雷格、赖安和我）租了一个四层的公寓。在那儿，我们都怀着期待和焦虑，因为我们都不知道观众反应如何。片子在老歌剧厅首映时，我至少还坐在伊桑旁边。你知道，电影开始了，片中我正一边练琴，一边大声说话。我总是错过跳到那个八度音，便说："我这是冲出了跑道啦"，观众马上爆发出了大笑。我紧攥着伊桑的胳膊，说："伊桑，他们看懂这部纪录片了。"影片放完了，观众情不自禁地起立喝彩。有一张照片，上面是伊桑和我站在台上，面对面起立喝彩。

西摩和伊桑·霍克在纪录片《西摩简介》首映后小憩,摄于纽约林肯艺术中心举办的纪录片影展

伊桑看着我，神情骄傲而快乐。这个场面能融化你的心。你见过那张照片吗？

安德鲁：看到那张照片上的伊桑，你会感到：真正创造了这部影片的是爱，是深刻的自尊，是尊重。

西摩：因此，我们第二天就把热情的评论下载到了我们的电脑和笔记本电脑上。大家坐在那间华丽的起居室里，根本不相信这些评论是真的。伊桑对我说："西摩，你对电影界一无所知。可我从12岁起就进入电影界了。我参加过一个又一个电影节。我可以告诉你，影片若很差，等不到'问答访谈'的环节，半数的观众便会起身离去。在特柳赖德，没有一个观众起身离开，你注意到了吗？观众都坐着看完了影片。你听见了喝彩声。你还应该知道，在我的职业生涯里，我从没读到过今天早晨这样的评论。"朋友和学生们读了那些评论，他们的电子邮件便飞进了我的笔记本电脑。我们都震惊了。我忘了提到一件事：片子放映以后，我们走过一条鹅卵石街道，去一家餐馆吃午餐。路上，两位女子和一个男人扑到了我怀里，伏在我肩头上哭。伊桑见到了那个情景。所以我们知道，我们大获成功了。那只是事情的开始。你知道吗？那个成功持续了下去。我们这部纪录片，是"烂番茄"网站[2]上唯一获得百分之百热烈好评的影片。

安德鲁：我记得，这部影片在特柳赖德首映后，你打电话给我说，人们看了片子以后，哭着扑到你怀里，表示感激。你一定知道，这部影片表达了某种丰富而深刻的东西。

西摩：伊桑和我完全被惊呆了。我们不相信人们会那么感动。你知道，在其后一年中，这部影片多次放映，一直获得热烈好评和赞美。每次放映后，观众都会来到我面前，对我说："我不是音乐家，对音乐一窍不通，但您在这部纪录片里说的一切都跟我有关。"

安德鲁：你看他们是什么意思？

西摩：首先，我认为那意味着：有些人对自己感兴趣的活动还不够认真，那些活动是从他们的个人才能中迸发出来的。它不一定非是音乐不可；它可以是任何事情，任何让他们产生激情的事情。其次是有些人对某种事情怀着激情，却放弃了。例如，纽约一场音乐会中场休息时，一位女子来到我面前说："我看了您的影片。我是作家，十年没写东西了。但是看了您的影片后，我第二天早晨醒来后又开始写作了。"这部片子里的某种东西使人们懂得了：要做事情，时间总不嫌太迟。我如今88岁了，仍然很强。在"问答访谈"里，我反反复复地说过科学家告诉我们的话：除了大脑损伤，我们越老，学习能力越强。换句话说：因此，我们老年时能获得比年轻时更多的发展。如今这部影片走遍了全世界，把这个消息传给了比我能想象的还多的人。它激励一些人鼓起勇气，拾起他们激情的残余（他们若已经抛弃了那些激情的话），重新点燃它们，使自己再次快乐起来。

安德鲁：你再次拾起某种激情，它可能变成非常可怕的东西，因为你放弃过它。你出现在这部影片里，使人们相信他们也能做到，你对此怎么看？

西摩：哦，看看我在片子里做的事情吧：我虽然有 37 年没开独奏音乐会，但还是恢复得很好。安德鲁，你知道我 88 岁了，所以你不想让我说谎，是吧？

安德鲁：不想。

西摩：我认为，我在那场独奏音乐上演奏得极好。但你不知道，我为那样的演奏付出了什么代价。我跟你说过：无论我们是否承认，我们的表演方式就是我们的练习方式。虽说如此，我还是认识一些音乐家，他们甚至比我年轻，出于不同的理由停止了公开演奏，重返舞台的结果却糟透了。你若这么多年不公开表演，情况大多都会如此。我采取了哪些措施呢？我每天练琴 8 小时。要恢复最佳状态，你的准备必须两倍于你认为必要的准备：面对私下邀请的不同听众，我曾一次又一次地试演；我记录了我的独奏音乐会，记录了我想写的评论；我听回放，改变诠释作品的态度，给一些段落重编指法，总之，我千方百计地恢复最佳状态。你想知道我去那个大厅的感觉吗？

安德鲁：想知道！

西摩：我和我朋友比尔（Bill）乘出租车去了施坦威陈列厅。纽约西57街的施坦威陈列厅已经不存在了，你知道吗？他们搬到了新址。那也许是这个陈列厅的最佳状态，据称，施坦威是全世界最美的钢琴陈列厅。它的内装修如同皇宫。陈列厅的大型落地前窗正对西57街，路过的人们能看到陈列厅里面，看到其中发生的一切。我一下出租车，心就开始狂跳。那一刻，我的神经非常紧张，随时准备被送进医院。可我还是过了马路，站在了那个大型落地窗前。我最先看到的是：厅里坐着一些著名的男女演员，还有我的一大群朋友和学生。我看见伊桑正走来走去。最后，我看见了阳光照耀下的钢琴，光线很强，仿佛太阳坐落在钢琴上。技师们正把几个麦克风装进钢琴内部，钢琴旁边也有几个麦克风；到处都是摄像机，钢琴后面的阳台上也有一台摄像机。我想，像这个样子，我根本恢复不了最佳状态。即使不打算拍电影，我也很难挺过这种场面。不过这部影片是为后代拍的。我想，我会因此而死。我一走进这个地方就会犯心脏病。但我至少死在了音乐环境中。

安德鲁：也死在了电影中！

西摩：并且很有戏剧性！至少，我走进那个圆形大厅时，伊桑拥抱了我，我认识的每一个都过来向我致意。像重要演出亮相前的许多演奏者一样，我假装一切正常。这是演奏者的真实状态。你绝不会知道他们很紧张，当然也不知道他们觉得自己快要死了。我坐在了一张漂亮的扶手椅上。伊桑走过来，对我说："我想告诉你我为什么把你们都带到这里来。"拍摄正式开始了。伊桑一开始说话，我就感到自己异常镇定，安德鲁，你相信吗？我当时想，这种镇定是多好的安慰、多大的福气啊！记得我自问：我为什么如此镇静？

安德鲁：答案是什么？

西摩：答案是第二天得出来的：我突然明白了，我为伊桑做这件事，是为了报答他为我做过的一切。我根本不可能拆他的台。这部纪录片里，我听见我没开始演奏就自言自语了。我说："你没给他们讲过萨拉·伯恩哈特[3]和她的紧张"，我的声音里丝毫没有颤抖。我显得镇定泰然。我把那种镇定带给了钢琴，毫不迟疑，马上开始了独奏。我从没听说过，有谁的专业音乐会拍下的录像带或影片里没有重拍的镜头。可这种情况真的出现了。演奏者出了错，你就不得不对片子做些剪接。我确实犯了几个小错，但它们都无关紧要。几天后我还在琢磨：我怎么会在前一分钟怀着近于惊慌的感觉，后一分钟就无比镇定。我的结论是：你为别人做事，会使你暂时忘掉自己的弱点。我就是这种情况。我是为伊桑演奏。

安德鲁：西摩，我从那次旅行懂得了一点：真正的服务是无私的，是完全与他人和谐一致，而不是为了达到个人的任何目的。因此，你是真正地为伊桑服务，尊重他，尊重他为你做的一切。这让我想起了佛教圣哲萨拉哈尊者[4]，据说他曾写道："这是一个我，那是另一个我。摆脱了这种禁锢你的分离错觉，你的自我便解放了。"你全心全意地为伊桑做事，你解放了你自己。

西摩：对，安德鲁，我演奏的每一个音符都是为了伊桑。现在这件事已经完成了，我想知道，我当时若因为惊慌把演奏停了下来，会怎么样。我想知道伊桑是否预料到了这种情况。若是如此，演奏结束时，他一定比我更放心，而那是个成功。独奏会结束后，我们和观众讨论了一会儿，内容是发现一个人的身份，还有精神紧张的问题。接着观众好像一起朝我走了过来。我们终于离开了那里。伊桑和我手挽手穿过57街，去俄罗斯茶室[5]。摄像师拉姆齐从我们后边拍摄我们。我看这部纪录片时，片子里没有那些镜头。摄制组偷偷留下了那些镜头。他们打算拍完这部纪录片后，把整个独奏会放进DVD光盘，而我们走向俄罗斯茶室的凯旋之行，将放在全部视频最后。

安德鲁：太好啦！听你讲到独奏音乐会，讲到你的镇定，讲到你如何为了伊桑弹奏，这很有意思，因为这确实让我进一步明白了一点：影片末尾，人们为什么满怀欢乐地走向你。

西摩：它让我满怀谦卑、满怀感激。我相信，观众看到这部纪录片，一定会回应我提供的信息。我虽然不是天才，但我的表演一定包含着某种鼓舞人的东西。我相信它给了人们发挥各自才能的勇气，哪怕他们不是天才。对我们的天赋之才，我们只能尽量发挥。

安德鲁：你要表达的是：拥有最深厚的激情，发挥它的作用，这是绝对重要的。这与你是不是天才无关，却与你想不想实现你活在世上的意义有关。

西摩：也关系到发挥你的才能，去实现人生的意义。

安德鲁：完全正确。

西摩：这也是我对学生说的：他们听了YouTube里某个人弹琴，对我说："你听过他（演奏）的曲速吗？比我弹得快多了。"

我答道："所以，曲速若快过了你能弹的速度，你就必须选择速度，你的曲速应该能够传达乐曲的正确信息。你必须尊重你的才能，保护你的才能。除了你自己，没人跟你竞争。"

因此，学生若不能像名家那样弹奏得又快又准，便会产生这种被曲解的想法。要解决这个问题，你只需对自己说："我想尽量发挥自己的才能，而这教会了我谦卑。我演奏、作曲或者写作获得了较高评价时，我会说：我的成绩虽然不能与音乐界那些最伟大的名字相提并论，却仍然是我靠艰辛努力获得的。这让我感到自豪和快乐。"

安德鲁：不仅如此，它还会发现并唱出你内心深处的歌。这是唯一能使人快乐的事情。

西摩：太对了。

安德鲁：其他任何事情都不能使我们快乐。世间的名声，大量的金钱，都不能使你快乐。在我的经历中，使你快乐的是：你感到你的生活就在于每一次购物、清洗、缴税、表达你内心最深的想法，表达内心最深的激情，至少有时会感到如此。

西摩：我完全同意你这个说法。我认为，人们从这部纪录片里获得的，就是这个。

安德鲁：我认为他们看到了一个能真正与之共鸣的人，因为他们能看到你受过舞台恐惧的折磨，能看到你为自己在朝鲜的遭遇[6]而痛苦，所以，他们看到了一个真实的人。但是，他们也看到了一个不允许为了界定自己的人生而受苦的人。我想，任何人看见另一个人如此毫无防卫力，却那么镇定勇敢，马上就会鼓起勇气。我们有共同的弱点和脆弱，但我们当中只有很少的人决定激活我们最深处的自己，尽管我们都知道那里有我们真正的快乐。

西摩：人们看见我在这部纪录片里战胜了逆境，看见我很尊重我的学生们。我爱他们。这暗示出了一种可能性，那就是观众也能那样地享受某种事情。我们都必须找到正确的导师。这部纪录片给人的另一个启发是：我们必须把人生握在自己的双手里，不能完全依靠别人来救我们。我们必须自救，同时尽力向我们选来帮助我们的导师们学习。

安德鲁：你说的"自救"是什么意思？

西摩：哦，就用我努力恢复最佳状态、为伊桑的剧组演奏作例子吧。谁能帮我完成此事呢？我必须独坐琴房，与外界隔绝，每天工作8个小时，以保证自己做好准备，担起做成此事的责任。观众看到了我的行动，我想我的行动一定会鼓舞他们。这里传达的信息是："对，我若能做到，你们也能做到。"

安德鲁：我想另一个信息是：钱很重要，你当然必须能把食物摆到你桌上，但别忘了你的心灵真正激励你、敦促你去做的事。

西摩：对。

安德鲁：你实现自我的方式与传统方式大不相同。你没选择繁华的世界，没选择金钱，没选择名望。你选择了遵循你心中对音乐最深的爱，选择了帮助他人。

西摩：有意思的是，你刚才说的和这部片子中的某种东西完全一致，我真的讨厌那种东西。但伊桑坚持要我那么做。我指的是片中我折起沙发床的场景[7]。我想，伊桑让我那么做，是想让观众知道我还住在只有一间半房间的公寓里，连床都没有；让观众知道我的艺术比物质上的舒适重要。说实话，我一直住在那里是为了省钱。这使我能免去一些有才能的穷学生的学费；这也是为了追求我的艺术。

安德鲁：并且还是更深层次上的追求。你的做法表明：你已经为你认为真正重要的东西做出了真正的牺牲。

西摩：完全是这样。

安德鲁：我想很多人都被你的做法感动了。他们也许觉得，生活已经把他们从他们的真心目标扫除了，而他们看到有人准备为实现真正的自我做出牺牲，便受到了莫大的鼓舞，尊重那个人，对那个人备感亲切。但他们也内疚，因为他们自己做不到那样。

这部影片记录了你的经历，其优点是：你没责怪过任何人。你散发的馨香来自一个找到了发自真爱的内心平静的人。这使人们回归了各自最深的自我，用它更新了对自我的认识，并选择了那个自我，无论他们曾多少次放弃了最深的自我。

科尼亚的鲁米墓[8]上有一段铭文："来吧，来吧，无论你是谁，无论你多少次背弃过你的誓言，来吧，来吧，来吧。我们这里是欢乐的王国。"我想，你这部影片的一部分优点是：你真的实现了自己的目标，使人们跃跃欲试、想重新参与那场深刻的游戏时，你万分珍视包容一切的爱和欢乐。

西摩：很多人看完这部影片到我面前哭，我想原因之一是因为他们心存内疚，自责没有在自己的生活中做出正确的选择。但他们的泪水也是快乐之泪，因为他们通过我的例子明白了为时不晚。在"问答访谈"环节中，一个男人站了起来，像获胜了一样，大声说道："我看了您的纪录片。我只是想让您知道，它改变了我的人生。"说完就突然坐下了。我发现这让我深受感动。究竟哪些才是活着的最重要理由呢，安德鲁？我们的使命是尽量减轻人们的痛苦，我说这句话时就知道你赞成它。人们受了很多苦，这部纪录片里的某种东西暗示了减轻痛苦的一些方法。最重要的是牢牢抓住你感兴趣的事情，持之以恒，直到你从中获得成果。

安德鲁：很对。

西摩：安德鲁，假如我现在50岁而不是88岁，你会认为这部纪录片也有同样的影响吗？

安德鲁：当然不会。可我太想知道你的想法了。

西摩：我确实认为，这部片子影响人们的主要因素是我老了。

安德鲁：你为什么认为，成为老年人，给了你在这部纪录片里的那种自由和威信？你认为，你为什么年迈时比你50多岁时更令人们感动？

西摩：因为人人都认为老年是衰退期，各种能力和力量都减弱了，可现在他们看到一个88岁的老头告别舞台37年后，走出了退休状态，举办了独奏音乐会，继续从事教学，沿着台阶蹦上舞台，说话有条有理。他们大概会想：我不该惧怕变老。看看这个人做了什么吧。

安德鲁：我也认为，人们非常渴望真正有智慧的老年人的亲切、同情、智慧和宽容。毕竟我们的文化推崇年轻美丽的肉体，推崇最新的电影中的那些明星。我们的文化所赞美的成功太老套了。老年人在古代文化中受尊敬，在部落文化中也受尊敬。

西摩：对，我知道。

安德鲁：所以，从某种意义上说，通过这部纪录片，伊桑表达了我们一种古老的渴望，那就是和真正的长者相处，而观众也对真正的长者做出了反应。当然，他们对你的全部教诲做出了反应，因为你告诉他们你如何能优雅地变老，但他们还对更不可思议的东西做出了反应：他们对长者应有的状态做出了反应。有人的确过着富裕的生活，真心热爱自己的生活，逐渐接受了自己，具备了平静的心态。那就是长者的状态，就是长者注定要向人们显示的状态，这也是你的做法。在我们的文化中，我们很少有机会和那样的人坐在一起。因此不妨说，你是钢琴教师，你是西摩·伯恩斯坦，你过着如此迷人的生活，但这一切后面还有某种东西，人们被它吸引了，那就是真正长者的状态。

西摩：对，当然，我懂这个。

安德鲁：人们非常渴望有这样一个人接受真实的他们、爱他们，这个人也有过他们那样的坎坷经历。这正是你在这部影片里给他们的。从你跟你的学生们坐在一起，到你跟伊桑交谈，再到你对着镜头说话，人人都知道了：他们也能成为你这样的人，也能深刻地了解你这样的人。这满足了人类内心一种最深的渴望，那就是认识一个真正在乎你、关心你的人。

西摩：哦，安德鲁，说过这一切之后，你能想象出我知道那些信息正在全世界传播时的心情吗？你能想象众人怎样从中受益吗？那是无法抗拒的，是一种十分重要的特权。你和伊桑做成了这件事。

安德鲁：但我最喜欢的，却是你用这样一句话开始了这番交谈："一方面，发生的事情完全出乎意料；另一方面，它们又是我生活中已发生之事的延续。"

西摩：正是这样。从我拍摄这部纪录片之前的生活里，我得到过很多快乐、爱戴和赞美，我人生的扩展超过了我最大胆的想象。我的感激也随之成倍增长。

安德鲁：你以前一定受到过赞美，但像这样被全世界的人承认和爱戴，这其实也是你的一面镜子，反映了你发生了某种非常神秘的变化。

西摩：我必须对你承认，那不是神秘的变化。我前面说过，那是我成年后大部分生活中发生之事的延续。人们的反响增长了，我的谦卑感也在相应地增长。我不得不使用"谦卑"（humility）这个词，因为我从来都不知道我是个如此重要的人物。我发现自己做出了这样的贡献时，我的感激之情是无边无际的。

安德鲁：因为你内心最深处的愿望，一直就是做个有贡献的人，现在通过一系列不可思议的转变，你的人生、你的见解、你对世界的理解，正在感动成千上万的人。

西摩：这我知道。这难道不令人惊异吗？哦，看看你吧。你已经出版了30多本书，你在全世界旅行和从事教学。你为人们做的事情，也是这部纪录片正在做的。

安德鲁：我真希望你说的一些话是真的，但我刚刚60岁出头。我认为，你给予人们的一切，后面都有你的年龄作为权威。我知道我能影响人们，但也知道我的人生仅仅过去了四分之三，尚待出现一种巨大的进化。

西摩：从进化的角度说，你还是婴儿。

安德鲁：我还是婴儿，还要学习很多，尤其是学习你，学习生活把你变成的这种人。跟你相处，人人都感到轻松自在；看过这部影片的人，个个都会感到自己会被你喜欢、被你接纳。我不敢肯定这就是我给人们的。我认为，我具备感动人们的强烈愿望和激情。我认为我的作品能激励人，但我不相信每个来见我的人都能感到我对他们的爱和悦纳。说实话，我知道他们没有感到，我想这是我的不足。我必须更努力地工作，放弃我那个惯于裁判的自我，不可像我有时表现的那么苛刻，而要真正地、越来越深地怀着同情和谦卑，像我看见你做的那样。我不知道你60岁之后是否具备了那种品质。我认为，只有真正老年人的年纪、吃苦、成熟和智慧，才能赋予你那种品质。我认为那就是你具备的品质。它能给人希望。所以，你给了我希望，给了我值得为之奋斗的东西，给了我不断影响我心灵的东西。

西摩：亲爱的安德鲁，我现在必须跟你说些事情。我认为，在这些对话里，我向你学的比你向我学的多。我学到了你表达你思想感情的方式和内容。你的强烈感情、你的措辞，以及你在我们交谈中的整体表现，都深深地感动了我。我想，你给我的比我给你的多。你怎么看？

安德鲁：但是，爱不是总会产生这种感觉吗？你若热爱某个人就像我们彼此热爱这样，就会爱得纯粹、爱得简单、爱得完全，你总是会感到对方比你美得多、聪明得多，给你的比你回赠的多。

西摩：真的？你这么看待爱的作用吗？

安德鲁：是，我这么看。我觉得我向你学的多得多，因为我越了解你，越热爱你，就越能看到你更多的品质。

西摩：看到西摩更多的品质？

安德鲁：我更了解西摩了！

西摩：不过，两个人彼此热爱毕竟是在同一个层次上。他们的爱是互惠的。

安德鲁：是互惠的……

西摩：但我知道，你比我长处多。

安德鲁：不，不，西摩。我的看法恰恰相反。我觉得你比我长处多。说到底，只要我们一直互相学习，我们的交谈就永远不必结束！

西摩：我当然会尽力让我们的交谈进行下去。

安德鲁：我也是。我们现在回来说说人们对这部影片的反应吧，因为我认为，必须探讨两个更奇特的主题。第一个、也许是最重要的主题是：人们感到你的话完全是真心的。他们对此很不习惯。

所以你利用了作为长者的特权，把你想说的、知道的直说出来。这使人们极为愉悦。

西摩：对，我知道我的年迈使我有了直抒胸臆的自由和信心。我的话常跟别人的预料相反。我坚信，说出自己的真情实感，这是对另一方最大的尊重。我甚至会把说出真情实感称为爱的表现。

安德鲁：你没发现人们对这部影片里的这种做法做出了反应吗？

西摩：是，我发现了。日常生活中也是如此。

安德鲁：我想，对这部影片中另一个重要的吸引人之处，我完全可以称之为环绕着你的精神之光。你表现自己的方式不属于任何一种宗教，不属于一切使人皈依宗教的愿望；你完全是在做你完整的自己，而这涉及收回你内心的精神自我，使它再次发光。

西摩：这让我惊奇，你知道为什么吗？因为很多观众都信仰宗教。注意，我拼写"上帝"（god）时不用大写字母"G"，因为当我想到一个没有终点而仍在扩大的宇宙，当我想到生命的形式如此繁多，我发现：相信一个人神同形者（anthropomorphic figure）坐在所谓的天堂里，对这一切负责，这太令人生畏了。这超出了我的理解力。我发现，对这一切负责的无论是什么，都是对它的侮辱。无法给它命名。我们无权知道它的名字。我的认识是：它是包含在一切生物

041

内部的一种表现形式（manifestation）。我愿称它为"精神之库"（spiritual reservoir）。我想到了一个水库，其中充满了一种能力，它能回答我们必须知道的一切，能回答我们在生活中必须做的一切。我们必须求教于我们内心那个"精神之库"，而不能总是依靠某位上帝来回答我们的问题，在危难中帮助我们。

安德鲁：所以你其实是在要求人们变为成年人，成长起来，并且知道：这个巨大的精神智能之库活在他们心里，如同一种天赋，要承认它，并且有意识地和它一起工作——

西摩：正是如此。正如格言所说："自助者，神助之。"最主要的是，我从不称它为"上帝"，因为我认为给它命名就是贬低了它。几年以前，我的一个学生得到了天启，成了基督徒。一天上课时，他突然停止了弹琴，对我说："西摩，我真为你担心。"我问："你担心什么？"

他的回答让我吃惊："你死了，你的灵魂会怎么样？"

我答道："别为我的灵魂担心了，还是为你正弹的这首德彪西的曲子担心吧。我会照顾自己的灵魂。"

我的学生真以为，你若相信这个坐在宝座上的人形，死后便能上天堂。你若不相信，死后便会下地狱。我看这个观念实在是太荒唐了。读了你那些极美妙的书，我发现佛教徒不信神，不信天堂，也不信地狱。他们认为，神的观念源自对生命终结的恐惧，而必须创造出宗教，以用希望取代死亡的深渊。犹太人也不信天堂和地狱。

安德鲁：因此你不相信来生，不相信作为西摩的意识会在你死后继续存在？

西摩：天啊，这个观念让我震惊。我很想认为我会活下去。但我一无所知，何况我的谦卑告诉我，我无权了解这个问题的答案。它超出了我的认识。我永远都不知道：对我所见的万物的奥秘，对我所见的仍在扩大的宇宙，对我所见的多样的生命形式，什么应当负责，谁应当负责。我相信这些问题不可能有答案。

安德鲁：你似乎不需要答案。

西摩：对，我不需要答案。对这个问题心怀敬畏、惊奇地下跪，这就足够了。你看见窗外那棵树了吗？它是生命的另一种形式。四周无人观看时，我用胳膊抱着树干，真的感到了我的脉搏和树的脉搏相合。我变成了树，树变成了我。我们是一体。跟你这个如此奇异的精神生命同坐，凝望窗外美景，使我产生了一种感觉：我们是连在一起的，你和我，那棵树，那些花栗鼠，还有大海，全都是一体。我感觉到了单一性（oneness）。这对我来说已经够好了。我不必进一步琢磨我死后怎么样。真的，我把未来的死亡看作又一次冒险。死亡到来的那一刻，想必是意义非凡。没什么可怕的。布莱恩特[9]在他的诗篇《死亡随想》里，用美好的、令人宽慰的方式描写了死亡：

活着，而一旦听见对你的召唤，

> 唤你加入数不尽的大篷车队,
> 它们走向那个神秘王国,人人
> 都有寂静的死亡大厅的一间,
> 你不该像夜晚采石场的奴隶,
> 被鞭子赶入地牢,应平心静气,
> 心怀坚定信念,走进你的坟冢,
> 就像一个人铺好床上的铺盖,
> 躺下身来,进入那些愉快的梦。[10]

依我看,诗最接近音乐,因为诗也能捕捉人类思想感情的精华。我写过很多诗。你也写诗吗?

安德鲁: 对,我也写诗。

西摩: 生活被浓缩进了诗的胶囊,浓缩得最紧。你用最后一个词写到诗的末尾,诗的深刻意义便仿佛炸开在了我们的意识上方。诗里使用的每一个词,都在逐步地建立这个深刻的意义。

安德鲁: 你有最喜欢的诗吗?有没有你最喜欢的?

西摩: 啊,人人都爱里尔克[11],对吧?

安德鲁: 对。

西摩：但我读过你书中的另一些诗。你收集了不同世纪、不同诗人的诗作，我从没听说过那些作品。看看古希腊的萨福[12]吧。我已故的朋友弗洛拉·莱文（Flora Levin）是研究古典的学者，她翻译过古希腊的一些手稿。你知道她教过我写作吗？给你讲讲她的一个奇妙故事吧。正是靠了她的帮助，我才写成了《用你自己的双手》那本书。它终于完成了，麦克米兰公司（Macmillan）要出版它。真希望我不会在给你讲故事时哭起来，因为这个故事至今仍使我深深感动。

那天我正在教课，弗洛拉打来了电话。她说："你知道，我从没打断过你的教学，可我知道你的书正要付印。你必须停止上课，给出版商打电话，停止印刷。"我问："弗洛拉，你在说什么？"

她说："我没时间跟你细说，来不及了。赶紧照我说的做，以后我再向你解释。快去做吧！"我挂上电话，又给我的编辑打电话，要他停止印刷我的书。他们真的推迟了印刷。我给弗洛拉回电话，问她为什么要我这么做。

"现在我告诉你吧。我翻译古希腊手稿时，碰巧见到了下面这首诗，是萨福写的，从来没被译成英语：我从未梦想我能用自己的双手触及天空。"

我禁不住哭了。弗洛拉发现了古代最伟大的女诗人的一首诗，其词句竟和我那本《用你自己的双手》的书名几乎一字不差。因此，我打电话给出版商，他们把那首诗插进了那本书的第一页。他们被那首诗打动了。他们放不下它。若是弗洛拉发现了这首诗，却没有给我打电话，那本书印出后就不会包括那首诗了。

安德鲁：令人惊讶，太令人惊讶了。

西摩：那首诗只有三行，想象一下它带给我的震撼吧。我记得，我把背诵这首诗的情景拍了下来。我想知道伊桑打算怎样利用它。他敏锐地感到了这首诗的重要性，把它放在了纪录片的片尾。在片尾那一刻，很多人都禁不住哭了。有人评论说："在这部片子的结尾，你不可能不流泪。"连我都哭了，因为那首诗太重要了。

安德鲁：也许，那就是人们被片中的你深深吸引的最深刻原因。他们在你身上看见了某个已经触及了天空的人。你要说的、要证明的是：你若选择了生活给你的这种最深刻的才能和激情，你就能在你的平凡生活中做到如此。对人们来说，那是个大有希望的信息。它让人们产生了一种感觉：生活中无论发生了什么，痛苦、困难、困惑，或许还有未能获得所谓的"成功"——虽然存在这一切，但人们总是能够领悟生活的真谛，那就是用你的双手触及天空。

西摩：正因如此，伊桑才想拍摄这部纪录片。他想让人们知道，深深地投入某种使他们充满激情的事情，能够影响他们的人生，帮助他们触及天空。

注释：

[1] 特柳赖德（Telluride）：美国科罗拉多州的一个城镇，自 1974 年起举办电影节，只放映在北美首映的新片。

[2]"烂番茄"网站（Rotten Tomatoes）：美国的一个电影评论、资讯和新闻网站，创建于1998年5月。其名称来自轻歌舞剧（vaudeville）时期，观众看到不佳表演时会往舞台上扔掷番茄等蔬果；新鲜的红番茄表示好评，腐烂的绿番茄表示差评。

[3]萨拉·伯恩哈特（Sarah Bernard，1844—1923）：法国著名女伶。

[4]萨拉哈尊者（Saraha）：印度大乘密宗人士，八十四成就者之一，被认为是霎哈嘉瑜伽（Sahajiya）的创始者和金刚乘（Vajrayana）的祖师之一。据推断，其生存年代为公元8世纪末至9世纪初。

[5]俄罗斯茶室（Russian Tea Room）：位于纽约曼哈顿西57街。

[6]西摩·伯恩斯坦1951年在美军服役，参加了朝鲜战争。参见本书第二部分。

[7]西摩·伯恩斯坦认为，在纪录片里表现他生活俭朴，有博取美名之嫌，故说"真的讨厌那种东西"。

[8]科尼亚（Konya）：土耳其古城。鲁米（Mevlana Jalal ed-Din Muhammad Rumi，1207—1273）：古波斯诗人、法学家、伊斯兰学者、伊斯兰苏菲教派（Sufi）神学家。

[9]布莱恩特（William Cullen Bryant，1794—1878）：美国诗人、评论家、编辑。

[10]《死亡随想》（*Thanatopsis*）：又译《死亡观》，写于1817年，包含83行无韵体诗（blank verse）。此为该诗最后9行。

[11]里尔克（Rainer Maria Rilke，1875—1926）：德国诗人，其诗文具有神秘的抒情性和幻想性，对20世纪德国文学产生了深远影响。

[12]萨福（Sappho）：公元前6世纪前后的希腊女诗人。

第二部分　音乐

3. 音乐的魔力

安德鲁：西摩，谈论这部影片，谈论这一番经历的激动人心和深刻意义，实在令人愉快。现在，我们谈谈你那种毕生的激情吧。你认为音乐是什么？

西摩：没人知道音乐是什么。世界上最伟大的思想家们都尝试界定音乐这个奇迹。例如，音乐为什么能唤起我们的感情？你知道柏拉图说过："音乐能浸入心灵深处。"[1]想象一下吧，他在古希腊时代就说出这句话了。因此我们知道，音乐总是能深深地感动人们。音乐包含的有组织的声音，能引起人类体验到的每一种情感反应。还有一些对音乐的反应，我们无法用文字描述。但我们感觉到了那些反应，知道它们存在。另外，我们还知道音乐结构中存在着秩序与和谐，它们渗透我们，使我们想成为它们那样。我演奏大师们的无论什么乐曲时，都感到我很愿意像音乐那样有组织、有结构，能与他人沟通。我认为音乐是一个范例，我应当像音乐那样。我设法把这个观念传达给我的学生们。我们一旦能像音乐一样，音乐就会让我们大大受益。那么,什么是音乐呢?也许简单的回答是:音乐是一种感情语言。无论音乐是否出于真诚而写,是否具有高度的组织,是否能传达某种深刻的个人信息,我都希望自己能像音乐一样。这并不仅仅是指古典音乐。例如,杰夫·巴克利演唱的《哈利路亚》[2]就是我最喜欢的音乐之一。

安德鲁:每一位大作曲家都有与众不同的声音和情感世界。那么,你演奏你最喜欢的作曲家的作品时,有什么感受?你如何体验他们想象的世界?你能用语言为我描述一下吗?

西摩:嗯,你说得很对。每一位作曲家都用独特的语言表达他们的感情。这就像德国的、法国的、意大利的作家描述各自的狂喜状态一样。他们会用不同的词汇描述他们对狂喜状态的感觉,但要了解他们表达的意义,我们就必须懂得他们的语言。音乐的奇妙在于:虽说巴赫和拉赫玛尼诺夫[3]出生于不同的世纪、生活在不同的国家,但他们的音乐都传达了他们最深的感情。这就是音乐的奇妙之处。音乐是永恒的。音乐来自不同的世纪,这无关紧要。

这个信息表达得很清楚。舒曼把一句格言加进了他的《幻想曲集》[4]的开头,其中提到了"秘密的偷听者"(secret eavesdropper)。对,音乐家就是秘密的偷听者。我们得到了这个信息。并非人人都是秘密的偷听者,但音乐家们是。音乐其实是一种人人都懂的语言。令人惊奇的是,婆罗洲(Borneo)的土著也有和我们一样的感情。1960年,我参加了美国国务院组织的旅行,成了第一个在婆罗洲开独奏音乐会的钢琴家。一位富有的中国木材商跟那些猎取人头的野蛮人做生意。只是到了1950年，那些人才不再砍掉人头。在一条热带河流上，那位中国富商带着我乘船10英里，去访问住在长方屋里的那些猎头者。我看见一根根木杆上挂着干瘪的人头，不禁浑身战栗。酋长把我们领进他的房间，给我们喝一种味道很恶心的东西。我们闲聊时，我惊异地看见了一台便携式发条唱机，一张桌子上还散落着几张旧的78转唱片。那些唱片是贝多芬、舒曼和其他一些大作曲家作品的录音。那个所谓原始初民热爱古典音乐，你能相信吗？这是因为我前面说过的：音乐的奇妙在于它的语言人人都懂。

安德鲁：因此，我们说说我知道你热爱的那些音乐家吧。我们把你视为他们传达的信息的偷听者。你偷听巴赫时，听到了什么？这位最伟大的作曲家向我们传达了什么信息？

西摩：我想说，总的来说，他们传达的信息大都使我欲哭。作曲大师们的音乐里，有一种占据主导位置的悲伤。并非只有我这么看。许多敏感的音乐家都同意这个看法。我说的不是仅仅听音乐的人，而是通过乐器或歌唱表演音乐的人。表演与聆听大不相同，因为在吸收音乐的意义的过程中，存在着身体语言。当然，大作曲家也表达欢乐，总之，他们表达人类的全部情感。大作曲家也在他们的乐曲中捕捉自然之美。我已故的朋友弗洛拉·莱文认为，音乐家就是哲学家，因为音乐家探求事物的真理。因此，大作曲家们找到了把声音组织起来的方法，以捕捉人类感情的精华。

安德鲁：巴赫的音乐中有巨大的欢乐，有兴高采烈，有对宇宙之舞的赞美。所以，音乐有一种极为强大的功能，能使我们认识生之悲哀，也就是维吉尔[5]所说的"万物有泪"[6]。但是，音乐还有一种同样强大的功能，能使我们认识生之狂喜，也就是舞蹈的无边欢乐。音乐同时是这两者，难道不是吗？的确，音乐当然具有唤起各种情感状态的力量，愤怒，温柔，困惑，痛苦的思乡之情……

西摩：音乐浓缩了人类的各种感情。但我首先说到了悲伤，却是因为在我看来，悲伤是占据主导位置的感情。

安德鲁：舒伯特说，伟大的音乐都是悲伤的。这不是他说的吗？

西摩：他说过这话吗？

安德鲁：说过。

西摩：当然，舒伯特的音乐也浓缩了欢乐的歌唱，不但通过音高，而且通过节奏。

安德鲁：我认为，音乐是一面镜子，反映了宇宙中神秘的、有条理的智能的声音。音乐没有实体，却奇迹般有效地表现出了秩序，那种秩序存在于万物之中，在万物的演变过程中自动呈现出来。

西摩：我不完全相信这个观点。就从作曲家说起吧：巴赫和贝多芬被尊为神，而他们不是神而是人，像我们一样。但他们具备的天赋却能超越我们能想象的一切。那种才干是天生的。科学家甚至查明了颞平台（planum temporale）就是（音乐）才能在大脑中所在的位置。他们说：才能非凡者出生时，那部分大脑就被扩大了。事实上，你无法把一个人教成莫扎特。必须通过教育把这类天赋吸取出来。这些所谓的神完全都是人，若赞成这一点，接下来就应当说：他们创造的音乐代表了人类情感的发散。作曲家们也许会受到一个观念的影响，那就是宇宙万物都与人的天性相连，而他们明确表达出来的人类情感，却都是人人都承认并体验过的。因此，他们的音乐才会如此感动我们。我们不必思考音乐。音乐就是触发我们情感世界的扳机。顺带说一句，科学家们还不知道：音乐在大脑的一个部分中经过了处理，而我们无法控制那个过程。

安德鲁：真的？

西摩：音乐无须我们思考，就能使我们做出反应。音乐不同于哲学概念，后者要求我们努力思考。已经有一些实验证明了这一点。例如，科学家去了精神病院的病房，却无法用语言与其中的精神分裂症患者沟通。那些患者早晨起床后很懒得叠被。但是，刚一用笛子在病房里吹起进行曲，患者们的脚就自动地踏起了节奏——一、二、三、四。这是因为肾上腺的活动影响了他们全身。结果，他们只用了比平时少一半的时间，就叠好了被子。

安德鲁：当然，很多社会都用音乐进行治疗。伊斯兰文化把音乐用作治疗精神失常的方法；16世纪，欧洲一些精神病院也用音乐作为平定患者情绪、使患者放松、恢复理智的方法。你对音乐疗法怎么看？

西摩：我20多岁时，音乐疗法就成了一门专业。音乐疗法成为一门专业之前，我就跟它有牵涉了，安德鲁，你相信吗？当时，我应邀在新泽西一家精神病院举行独奏音乐会。我上了台，所有患者都坐在一个正规的礼堂里，有护理员陪伴。院方告诉我，独奏会结束后，精神病医生将跟我交谈，谈谈我练琴时音乐如何影响了我，谈谈我怎样看待把音乐用作与病人沟通的辅助手段。关于音乐对心理失常者的影响，人们当时还知道得很少。

我演奏的最后一首乐曲是肖邦的《降A大调波罗乃兹》。我弹奏时，一个女子溜出了座位，朝舞台走来。她敲着手里一张卷起的报纸尖叫："接着弹，接着弹呀！"护理员都跑过来，把她围住了。我听见她先是尖叫，接着就沉默了。人们带走了她。显然，音乐唤起了这个患者内心的情感。我得知她名叫阿德莱德（Adelaide），曾在朱利亚音乐学院[7]主修钢琴。

独奏会之后，医生们让我坐在一个房间中央，把我围了起来。他们向我提出了关于音乐的各种能想到的问题。最后，他们问我愿不愿参与对某些患者的实验，那些患者曾是钢琴家。我说："当然愿意。"我有关于此事的日记。你简直无法相信实验的结果。例如，有个30多岁的年轻男人，名叫劳埃德（Lloyd）。他曾是神童。他有15年一言未发了。他是重度精神分裂症患者。人们把他领到钢琴旁，把乐谱摆在他面前，他从来都不翻页。

他一直弹奏同一页乐谱，一遍又一遍地弹，还会突然转头看着别处，凭记忆弹奏。他一定具备一种照相式记忆（photographic memory）。他们无法让他继续弹下去。他们认为，他的症状就是不肯面对生活的明天。他们把他带到我这里。我跟他一起工作时，他的精神病医生坐在我旁边。他给我弹了一首曲子的第一行乐谱。我拿出一张纸，遮上了那行谱子。于是他弹起了第二行乐谱。我又遮上了第二行谱子。他弹到那页乐谱最后一行，我遮住了整页乐谱。他抬起一只手，15年来第一次翻了乐谱，继续弹奏。接着他叫了我一声"西摩"。他有15年不能说话了。那位医生完全不相信这是真的。

精神病患者的问题是他们的节奏感紊乱。例如，劳埃德弹奏华尔兹时，他的节奏乱极了，竟在一个小节里弹两拍，在另一个小节里弹四拍。我打开节拍器，站在他身后，第一拍时把他向前推，第二、三拍时把他向后拉。他不但均匀地弹出了一小节里的三拍，而且开始跟我交谈了。

安德鲁：太令人惊讶了。

西摩：音乐能强烈地影响行为。科学家告诉我们，音乐能进入扁桃体[8]，那是大脑的一部分，我们不必深究。扁桃体触发了情感反应，于是我们知道了自己正感觉到某种东西。

安德鲁：我们长大后观察生活，就会渐渐懂得：我自己的生活，我朋友们的生活和运数，以及世界的运数，还有我常说的"万物的和谐发展"，都很像赋格曲（fugue）。赋格曲有一个简单的主题，然后就是那个主题的各种令人惊讶的复杂变奏。但你若仔细聆听，便会听见：这个简单的主题正被用于所有这些任意的变奏。这和大自然的运作方式相对应，因为在大自然的运作中，生命中也呈现出了各种不同的气质（temperaments）。因此我认为，曲式（musical form）并不完全是人类的发明。曲式反映了现实中的某种东西，有助于使我们与现实结合，在更深的层次上体会现实。

西摩：嗯，我认为你的意思是说"万物一体"。那正是古希腊人的"一"的观念[9]。万物一体，我们就是其中一部分。简单地说，我认为这就是你谈论的思想。

安德鲁：对。那天我们谈论赋格曲时，关于赋格曲的运作，你说过一些很奇妙的话。在我看来，赋格曲是一切曲式中最具启示性的，这种方式最能表达我们的生命和现实的发展。

西摩：巴赫写的那些精妙的赋格曲，无人能及。音乐学家们认真思索过巴赫是怎样把它们写出来的。他们认为，巴赫为一首赋格曲写出主题（motif）时，就能根据这个主题本身，准确地知道这首赋格曲将是什么样子，它容得下多少个声部（voices），它是否能够承载另一个主题（subject），对题（countersubject）将是什么。"主题"和

"对题"指的是贯穿交织在赋格曲中的乐节[10]（旋律）。我至今都弹不好巴赫《平均律钢琴曲集》第一册里的《升C小调赋格曲》[11]。它有三个主题（即三条旋律线）。乐曲分别引进了每一个主题。你相信吗？引进那些主题之后，三个主题就同时贯穿在了赋格曲的其余部分中。从纵向上看[12]，主题的每一次进入都构成了完美的和声。我们作曲时，每一条旋律线都横向地流动。若有多个旋律，旋律线的纵向交汇便形成了和声。因此，在旋律纵向交汇的每一个点上，和声都一定具有某种意义。完成这样的工作，是一种复杂万分的努力。《升C小调赋格曲》中，三条旋律汇合成了令人心醉的和声，同时其本身又是美丽的旋律。我认为，它代表了人类思维的最伟大成就。

安德鲁：这几乎就像巴赫转录了创造万物的那种数学上的狂喜。

西摩：但他正是这么做的。恰恰如此。你把它表述得很完美。

安德鲁：我们回来说说你吧。你若肯描述一下你进入音乐的旅程，我很愿意恭听。你对音乐的激情是怎样被唤起的？哪首音乐使你突然做出了反应？

西摩：我对此记得很清楚。我3岁时，父母带我去看我姑姑埃塞尔（Ethel），我父亲的姐姐。大人们说话时，我在房间蹦来蹦去，发现了一个大黑箱子。当然，那是埃塞尔姑姑的立式钢琴。我注意到了钢琴上的白键和黑键。我禁不住碰了其中一个键，"乓！"我听见了一个声音，便想：这太神奇啦。这是啥呀？接着我用几个皱巴巴的小手指头摁下了一连串的黑白键。曲调从那个黑箱子里流了出来。就在彼时彼地，我知道了那就是我的定命。

安德鲁：你在那一刻就知道了。

西摩：是的。我当时才3岁，可我记得很清楚。我从3岁到6岁，开始在埃塞尔姑姑的钢琴上弄出曲调，也开始认真聆听我周围所有的音乐，尤其是我们在小学校走进礼堂时一位老师弹的音乐。一直到我6岁时，才有人给了我们一台演奏钢琴（player piano）。当时我觉得自己的生活就在那一刻开始了。你知道我母亲是怎么为我找到钢琴老师的吗？一天，我们的送奶工罗比先生（Mr. Robee）来我家送牛奶和奶油。

我母亲问他："你认识钢琴老师吗？我儿子想学钢琴。"

送奶工答道："我认识我女儿们的几位老师。"

我母亲就这样为我找到了第一位钢琴老师。她名叫丽塔·罗比（Rita Robee）。她每堂课收15美分的学费。她为我弹奏乐曲，我满怀敬畏。我从没听到过那么令人激动的音乐。她教我五线谱的线和间，还留了几本初学启蒙书让我看。我记得，第一天她离开不久，我就发现自己很快就能即兴弹奏音符了。

安德鲁：哎呀。

西摩：我真的弄不懂。我不记得自己在学钢琴上做过什么艰苦的努力。学钢琴只是让我觉得：这个音在键盘上的这个地方，那个音在键盘上的那个地方。就这样，我贪婪地读完了她每堂课留给我的那些书，并且凭记忆弹奏了一切，却不知道什么是记忆。我星期六上钢琴课。大约上到第五课时，她给了我一本钢琴名曲集。第二天是星期日，我等不及了，读完了那本新书。那天我醒得很早，溜到了楼下那台钢琴旁边。我打开我那本新书，胡乱翻到了一页，发现了一首叫作《小夜曲》(Serenade)的音乐，是一个叫舒伯特（Schubert）的人写的。安德鲁，我熟悉那首乐曲。那就像我心里的某种东西被唤醒了，我非常熟悉它。我感动极了，哭了起来。它深深地打动了我。我父母和我的三个姐姐正在二楼睡觉。

我母亲突然被我的钢琴声惊醒了。她跑下楼梯，见我在哭。

"你为啥哭？"她问。

"啊，妈妈，这是我听过的最美的曲子。我知道这首曲子。"

你现在怎么解释它？我知道你大概会说："哦，你认为那首乐曲暗示了你的前生。"

安德鲁：嗯，正是这样。我确实相信轮回转世（reincarnation）。我相信我们和很多次生命的技能和能力相关。我还相信你有过很多次音乐家的生命。你把今生都用于做出贡献，用于以你在这部影片和这本书中展现的方式，表达你走向民众的整个旅程中的认识精华。

西摩：哦。你知道，荣格[13]认为我们从遗传中得到了文明的一切，包括动物。我猜那是另一种形式的再生，遗传基因的再生。无论怎样解释它，我都发现那种体验太令人惊异了。我的音乐之旅就从那一刻开始了。

安德鲁：我想请你披露一下你在大作曲家们那里的发现。你还记得你初次感受舒曼、莫扎特、巴赫作品的情景吗？你的音乐趣味是怎样提高的？你年轻时，哪位作曲家对你非常重要？

西摩：我必须对你说真话。我接触过其作品的每一位作曲家都深深地感动过我，都成了我最好的朋友。我猜你会说我太没选择，因为我爱他们所有的人。我无法区别他们，我不能说"我更爱某一位"，因为每一位对我来说都是新奇的，都是一个发现。这就像认识了不同的人。你喜欢某个人，后来又认识了另一个人，你也喜欢。我不能说我爱巴赫超过了爱舒伯特。我也不能说我爱舒伯特超过了爱舒曼。因为他们各自的特质，因为他们各自留给世界的信息，我爱他们每一个人。我喜欢斯特拉文斯基[14]的某些作品。但总的来说，我厌恶无调性音乐（atonal music）。

安德鲁：那就请你帮帮我，描述一下你热爱的这些不同作曲家的特性，描述一下他们传达的信息吧。给我介绍一下你的这些朋友。你喜欢的巴赫先生、舒伯特先生、舒曼先生的特质是什么？

西摩：我热爱的音乐都有美好的主题。我的爱就是从这一点开始的。我当年听到巴赫的二部创意曲（two-part inventions）起始主题时的感受，我永远都忘不了。后来我理解了他在做什么；他根据构成第一主题的一系列音符，写出了全篇乐曲。我无法相信这个。它大大地感动了我，让我惊异于那个主题竟会贯穿全篇，它每一次出现都带着不同的感情。因此，我不能把情感体验和对音乐结构的体验分开。情感和技巧是合一的。

我感觉到了音乐中的某些结构成分，而很久之后我才知道那些结构的名称。例如，我们说说"终止"（cadences），或叫"结尾"：某些终止确实令我敬畏得合不上嘴。我本能地延迟了这种终止的最后一个和弦，并且总是把最后一个和弦弹得轻一些。我7岁时知道了这种终止叫作"伪终止"[15]，因为它并不结束于主和弦，换句话说，它并不结束在音阶的一级和弦上，却结束在音阶的六级和弦上，这给人一种印象：乐曲尚未完全结束，因为耳朵要求听到一级和弦。现在，若有人想在我尚未听过"伪终止"时就解释什么是"伪终止"，我就根本不能理解。我为教育惋惜，因为它告诉我们：不等学生体验一个结构的内在感觉，就该去分析那个结构。

安德鲁：你对学校音乐教育的梦想计划是什么？你怎样进行你的音乐教育？

西摩：首先，每个人都必须歌唱。每个人都必须按照节奏，像舞蹈那样活动身体。这样一来，节奏和旋律便结合起来了。现在，你走到钢琴那儿，随意编写一些声音戏剧（sound dramas），就像我小时候做过的那样。暴风雨即将到来：隆隆的低音，还有闪电——尖利的高音——加上几次滑奏（glissandos），还有各种音型组合（configurations）。现在，太阳出来了，万物平静柔和。我总是在钢琴上创造这些声音戏剧。这叫做即兴创作（improvisation）。

贝多芬也有过这种经历。他父亲喝醉了，教小路德维希弹钢琴和识谱。路德维希当时大约10岁，他停下练习，开始即兴创作声音戏剧，像我做过的那样。房间另一头传来了一个声音："路德维希，别瞎玩儿了，快练习吧。你可以在你今后的生活里瞎玩儿。先学识谱吧。"

安德鲁：所以说，要求人们即兴创作，就是要求人们找出音乐的根本，认识到我们大家心中都有一位原生态作曲家（protocomposer）。

西摩：的确如此。先做到了这个，才谈得上组合。首先是自然地去做。

安德鲁：你怎样让别人感受音乐的魔力？

西摩：给你讲个故事。我去过加利福尼亚，我在那儿教的大师班里有个了不起的女孩，加州每一次竞赛她都获胜。她准备弹奏贝多芬的奏鸣曲，作品109号。我问她："你认为你必须怎么做才能理解作品109？"

她说："噢，首先我必须尽量找到一些资料，了解贝多芬写这首作品时发生的一切事情。"

我问:"哪类事情?"

"哦,我想知道跟社会和政治有关的一切事情。我想这一切都影响了贝多芬作品 109 的创作。"我对她说:"相信我的话,你研究所有这些领域获得的知识,都不能教会你演奏作品 109 开头的两个音符。"她问:"真的吗?"我说:"完全是真的。只有你了解了这首乐曲,研究了它的音乐基础而不是其他基础,那些事实才会显得有趣。"我建议她让自己的智力世界保持客观中立,不带任何先入之见地开始学习作品 109。然后我要求她(可说是)"偷听"她对乐曲做出的各种反应。这首乐曲终于让她知道了它要表达什么。

我还给她讲了作曲家亚历山大·齐尔品[16]的故事。我演奏过他的三重奏,所以他接受了我。他总是不理解我为什么要弹他的三重奏。他是一所著名大学理论系的主任。当时,他音乐作品的一张激光唱片出版了。我为他和他妻子举办了一个晚会,邀请了我所有的学生来听这张唱片。那是我公寓里一次令人愉快的聚会。晚会上,齐尔品走向钢琴,大家都不说话了。他似乎想用弹奏解答某个学生的问题。他一连弹了八个非常基本的和弦,它们是按照某种特殊顺序排列的。接着,他转身对我们大声说:"我刚把莫扎特的《朱庇特交响曲》[17]简化成了八个和弦。我知道,其中每一个和弦都不会使你们联想到《朱庇特交响曲》。"你看,分析出现在了事实之后。分析不能把你带到音乐的核心。

安德鲁:对,因为过早地分析乐曲会妨碍人们充分地感受音乐。

西摩：就是这个道理。

安德鲁：这也是现代音乐教育的危险之一吧？

西摩：是主要的危险。

安德鲁：你说得太对了，因为我还记得我如何第一次感到了音乐的激情。那不是靠分析音乐，不是靠对音乐的解释，而是靠我跟外祖母住在一起时她清晨弹奏的钢琴曲，她是钢琴演奏家。我清晨醒来，听见她弹肖邦和勃拉姆斯，于是我坐在旁边，盯着她弹琴。她丰富、强劲、充满激情的自我自动地倾泻到了钢琴上。这是音乐力量的超越词句的传播，它改变了我的一生。说实话，它使我想成为钢琴演奏家。从7岁到14岁，我师从几位老师学钢琴。那时我就知道，我注定成不了第二个霍洛维茨[18]，但当时我已发现了诗和小说的奇妙，因此转念想成为莎士比亚或狄更斯。音乐激情的倾泻唤醒了我，使我写出了几千首拙劣的十四行诗。我14岁以后，写了一本真正糟透了的小说，写的是一位疯狂的作曲家，他创作的第一部长达5小时的交响曲首演时，他自杀了。从十几岁时起，我也逐步深入地研究过各种曲式，以防万一我注定会成为莫扎特，而不是霍洛维茨。当时，最让我痴迷的是奏鸣曲式。我反反复复地阅读能找到的关于奏鸣曲式的所有书籍，但若没有我外祖母对我启蒙式的重要影响，奏鸣曲式对我来说就毫无意义。

西摩：那么，你那时了解了奏鸣曲式，有助于你欣赏音乐吗？

安德鲁：有帮助，因为这使我领悟到：音乐这门艺术太深奥了，它非常严谨有序，同时又非常恣纵自由，而这让我认识到了作曲是如此深奥的事业。因此我想，音乐教育首要的基础工作就是为人们创造条件，使人们获得感受音乐力量的丰富体验，有力地促使他们真正弄懂音乐为何如此有力。然后就可以慢慢地为他们介绍（音乐中）更具智力分析性质的要素，但始终都要服务于为人们打开深入体会音乐表现之门。

西摩：在这方面，我有两次令人惊异的经验。其中一次来自纽约市一所音乐神童学校。一位俄国钢琴家是那所学校的校长，教师中也有几位俄国老师。我的一个学生认识一位家长，她儿子上了那所学校。一天，那位母亲带着她儿子给我那个学生弹琴。我的学生发现那男孩儿弹得很刻板，毫无生气。他辅导男孩儿，使后者的弹奏有了表现力。男孩儿下一次跟他的俄国老师上课时，母亲对老师讲了我的学生为她儿子做的事。老师解释道："哦，您知道，我们的方法是：先要求我们的学生准确地弹奏音符，指法和技术都要正确；然后我们才对学生解释乐曲。"我听了那番话，觉得太可怕了。

安德鲁：我认为这个方法太糟糕了。你的第二个故事呢？

西摩：我不能提到某些名字，因为我跟此人很熟。但此人绝对是如今在世的真正天才之一。他曾任教于纽约州北部一所非常有名的学校。我有两个学生曾在那所学校就读。一天他讲了一堂课，题目是"怎样通过和声分析解释音乐"。他讲到一半时说："假如你们在12岁时还没有练好技术，那就想都别想当钢琴家了。"我那两个学生报名入校，都渴望以音乐为职业。他们下课后都对我说："继续练下去还有什么用？我12岁时还没练好技术。所以，我不能指望以钢琴为职业了。"我的学生们相信那个人的说法，因为他著名而权威。我不得不给两个学生做一次重大的心理康复治疗，恢复他们的信心。

安德鲁：你想要音乐体验和音乐练习提倡的是：用心灵体会音乐是第一位的。

西摩：当然，当然。

安德鲁：正因为如此，人们才对你的演奏和表现做出了如此由衷的反应。但你必须知道，在许多方面，这都是一种学习音乐的陈旧方法。它来自悠久的传统，完全不接受现代枯燥的智力分解方法。

西摩：你为什么说那种方法源于过去？过去比如今糟糕多了。

安德鲁：真的？

西摩：对，非常糟糕，那是技术方法上的错误。你可知道，过去人们为了让天才儿童的手指独立会怎么做吗？为了解放手指，他们真的切开了手指之间的皮肤。有很多实例证明他们毁掉了孩子们的手。

你知道舒曼怎么对待他的手吗？他想加强无名指的力量，而中指和小指的韧带限制了无名指，中指和小指的灵活性都超过了无名指。在解剖结构上，无名指是终生受限的。你永远都解放不了它。你若想使无名指有力量，就必须学会转动手臂。看来，舒曼并不知道这些解剖学事实，他给他的无名指拴了一根线绳。线绳连着一个滑轮，另一端连着重物。舒曼迫使手指压下去，以提起滑轮另一端的重物，把手弄残废了。因此，他再也不能成为他渴望成为的优秀钢琴家了。

所以你看，早先的情况比如今糟糕多了。人们开始分析，采用了手指练习法，完全没有手腕和臂部的参与。那种方法十分残忍。我不知道有多少有才能的人受得了那样的训练。但肖邦却是首先解放了所有手指的人之一。根据对他演奏的各种记述，根据他的学生所作的证明，我得出了一个结论：他是首先采用前臂转动和手腕起伏技术的钢琴家之一。

安德鲁：我刚才的意思是，你若听过20世纪初的钢琴家们怎样演奏肖邦、勃拉姆斯或贝多芬，那么，据录音判断，他们的演奏都很豪迈，很有感情，因为他们都是那些伟大的作曲家亲自教出的学生。这个情感强烈、富于表现力的传统，是为表现音乐之美服务的，而它正是我们几乎就要失去的，也是你全力保留的。这个传统绝对是个核心，能表明你是什么人。但是，我们虽然正处在一种十分贫瘠的文化中，却并不推崇情感的庄严伟大。

西摩：嗯，我能证实这一点。我还记得朱利亚音乐学院的一名神童。她的老师知道我也要给她上课，便同意了。一堂课上，我示范了肖邦夜曲中的一个微妙之处，要求左手弹得比右手轻一些。她试了几次，却没做到。于是我想起了一件事，问她说："宝贝儿，跟我说实话。这么弹是不是让你很糊涂？"她答道："是，是挺糊涂的。"

安德鲁：可见，这个难点使她的弹奏毫无表现力。

西摩：确实如此。

安德鲁：这就是你反对那些音乐名校的理由之一吧？

西摩：嗯，正是。表演中很多最美妙的细微之处都让年轻人困惑。他们不肯他透露他们的内心世界，那是他们内心最深的部分。很多年轻人都认为，透露自己的内心世界是热情冲动，不够老练。还有学生还把表演作品的细微之处比作当着观众一丝不挂。

安德鲁：作为教师，你怎样帮助年轻人鼓起勇气、把他们心灵和精神的活动表现出来？

西摩：哦，你知道，我若没有做过演奏家，若没有像如今这样继续研究音乐，我便永远都不能把音乐的真正灵魂传达给我的学生们。我有时候能成功，而另一些时候，正像对我提到的那个神童一样，我却不能跟学生们沟通。我不知道，那个女孩儿日后会不会在表达自己感情方面获得最大自由。还有很多钢琴家和其他乐器的职业演奏家，他们的演奏丝毫不能感动你。他们的技术令人惊异，但就是不能感动你。总之，神童各种各样：某一个也许具有天才的耳朵，就是"照相式的"耳朵（"photographic" ears），能使这个孩子只听演奏一遍就学会乐曲；另一些孩子在技术上是天才，或者能极快地记住音乐；还有些孩子能深刻、细腻地诠释乐曲。一个音乐家若能使所有这些功能协同合作，便能成为任何一代都罕见的真正天才。

安德鲁：我认为，世界上著名的音乐家当中，技术精湛却没有真实感情的，所占比例高得惊人。

西摩：恐怕那是真的。所以说，真正伟大的艺术家都技艺精湛又满怀真情。

安德鲁：你说你的学生们使你保持了年轻。在88岁上，你的教学比以前更多了；我觉得，你想传达给我们大家的一个巨大秘密是：永不停止工作，永不停止发挥你的才能，永不停止贡献你的智慧，因为这能使你一直精力充沛、一直充满激情、一直年轻、生机勃勃、充满活力。

西摩：当然。你的大脑必须具有活力。

安德鲁：那不仅仅是你的大脑。它是那颗需要保持活力、需要倾洒爱的心。

西摩：嗯，我想大脑会向身体的其他部分送出信息，各种情感都和这一切相连。但是，说实话，我并不知道爱和同情从何而来。只要我能感到爱和同情的影响，只要我能把它们辐射给别人，我就几乎不会关心它们从何而来。我们若不训练我们的大脑，不训练我们的感情世界，它们便会开始萎缩。这种情况发生于我们早夭、尚未做出贡献的时候。所以我才要继续做出贡献。我觉得，在很多方面，我只是刚刚开始做贡献。

安德鲁：你88岁才刚刚开始做贡献吗？

西摩：是啊，我觉得很多方面都存在着一些小秘密，而我通过学习、教学和思考，突然发现了它们。你看，那次拍摄纪录片的经历，就在我86岁时突然进入了我的生活。因此，无论我想传达什么信息，它都不再只是我在新泽西大师班传达的了；如今它是向全世界传达的信息了。我不能不这么想。这实在出乎我的意料。

安德鲁：我记得，我们在早先的几次交谈中讨论了一个问题：当今，人们对古典音乐缺少真正的兴趣，通过这种最伟大的艺术对心灵和精神的真正传输，很可能消失。因此，保护这个传统、使它充满生命力，就是你的一种激情，对吗？这是因为，你知道这个古典音乐的伟大传统的处境岌岌可危。你知道这个传统包含着真理，包含着深厚的感情，若没有人愿意为那些真理服务，它们就会渐渐消失。

西摩：对，很多人都在为那些真理服务，我想成为其中的一员。在教学中，我知道了我的学生们将会继承那个传统。例如，我的学生全都和贝多芬有关。你知道他们如何与贝多芬有关吗？

安德鲁：不知道。

西摩：哦，我对学生说这话时，他们全都满怀敬畏。他们的敬畏从没消失过。例如，我有一个新学生，正在学习贝多芬的奏鸣曲。我对她说："你知道你跟贝多芬有关吗？"我的学生完全糊涂了，以为我在开玩笑。我又解释说："我是亚历山大·布莱洛夫斯基[19]唯一的学生，我也曾师从克拉拉·胡塞尔（Clara Husserl），这两人都是莱谢蒂茨基[20]的学生。莱谢蒂茨基是车尔尼[21]的学生，车尔尼是贝多芬的学生。所以，贝多芬是你的曾—曾—曾—师爷。另外，你一刻都别以为你只是名义上跟贝多芬有关。这个传统通过教学传了下来。所以我才知道贝多芬对车尔尼说的事情，也读过贝多芬对车尔尼说的话。车尔尼若没把那些话写下来，并把它们传给莱谢蒂茨基，现在又传给了布莱洛夫斯基和我，我们就永远无法确定贝多芬的一些事情。这就是传统的作用。"我的学生知道自己现在就是这个传统的一部分，深受感动。

安德鲁：传统就是一条密切关系之链，对吗？

西摩：绝对如此。例如，延长记号（fermata）是一种乐谱标记，表示把一个音符或和弦保持得比其时值长一点儿。因此贝多芬告诉车尔尼："我每次在我的音乐里写上延长记号，总是在它前面做出渐慢（ritard）的标记。绝不要突然停止。"啊，这一点适用于所有的音乐，并不只是贝多芬的音乐。

安德鲁：作为教师，你鼓励一个人发挥才能时，很难在两种做法之间划出一条界线，一是真想鼓励某个人发挥特殊的个人才能，二是帮他们认识到：传统包括了不受个人情绪影响的规则和严格性。

西摩：绝对如此。

安德鲁：你怎样沿着那条危险的界限前进？

西摩：那条界限并不危险，而只是你的音乐训练的一部分。我对我的学生们说，忽视作曲家对力度或速度变化的指示，就像你弹错了音符。贝多芬若写了"持续的"（tenuto），其意思是限制速度，你却没有限制速度，也完全会弹错音符。这是严重的错误。我让学生明白这一点；我寄望于他们的良知。

安德鲁：教我写诗的奥登[22]说过，世上有三种诗人。

西摩：你曾经师从奥登？

安德鲁：对。那是一种令人惊异的经验。他常常一遍又一遍地读我写的诗，像尊重叶芝[23]或里尔克的诗作那样尊重它们。然后，他常常删掉诗里的几乎一切，有时只留下半行句子。他洋溢着忧伤而坚忍的智慧，洋溢着善意，我认为它们都来自失败与孤独的残酷经历。奥登说世上有三种诗人：有才华的、真正的和伟大的。他说，很多人都能成为有才华的诗人；你只要具备一定程度的智力，就能学会怎样成为有才华的诗人。成为真正的诗人，则需要真正的勇气和强烈的感情。但只有很少的人能从真正的诗人转变成伟大的诗人，因为这取决于一些神秘的内在品质，它们是不可复制的。

西摩：我相信，对一切领域的一切人，你都可以这么说。

安德鲁：的确。可现在我极想问你一个问题：我若想真正地弹奏巴赫，应该去听谁的演奏？我若想弹奏肖邦，你建议我去听谁的演奏？

西摩：你不会喜欢我的回答。我想，你是想了解这些作曲家吧？

安德鲁：对吗？

西摩：我只是想澄清一下，你想知道：你该去听哪些钢琴家的演奏，才能理解你感兴趣的作曲家的音乐。我说对了吗？

安德鲁：对，完全对。

西摩：听我的，安德鲁，绝不要听任何录音。我想给你的建议是，你可以读音乐。视读（sight-read）是学习音乐的最重要技能之一。现在，选出一首你想理解的乐曲，对它敞开你的心。要像照相机中的胶片。别抱任何先入之见。让音乐声落入你的耳朵，激发出只属于你的情感反应，就像光落在照相机里的胶片上那样。以这种方法，你就能获得作曲家的信息。仅仅听其他任何人的演奏，都做不到如此。听别人演奏，你就会复制别人对音乐的反应。听完美的演奏还有一个危险：它其实可能欺骗你。你完全有理由说："我怎么才能弹到那个水平呢？"相信我，安德鲁，我这是经验之谈。

安德鲁：我喜欢你这番话。

西摩：我从不听任何人的演奏。首先，我从来都没有任何人的录音。我的朋友和同事全都一张接一张地买CD光盘。当然，如今我们有了YouTube，所以我的学生若想学习一首作品，就可能在YouTube上听到20种演奏，就可能以为演奏者全都是真人，因此就可能复制听到的东西。然后，他们就可能给我弹奏那首作品，而我就会让他们懂得："你在这儿想表达什么？它表达的意思完全相反。"

"哦，是这样，我听过波利尼[24]演奏它，他就是这么弹的，"仿佛波利尼就是怎样诠释一切的权威。

看，人们会得到非常扭曲的概念。所以我才会给你这个建议。别听任何人的演奏。直接得出你自己的结论，让音乐的美妙语言感动你，直到你热泪盈眶。如此你便会知道音乐究竟要表达什么了。你得出自己的结论后，便需要一位导师指导你，把你引上正确的方向。优秀的导师能引导出你心中的任何东西，能帮你去模仿你心中没有的东西。到你有权说你尽力研究了一首作品时，听听其他钢琴家如何诠释你研究的那首作品是很引人入胜的。这才是学习作品的方法。

注释：

[1]参见柏拉图《理想国》第三卷，其中苏格拉底说："一个儿童从小受了好的教育，节奏与和谐浸入了他的心灵深处，在那里牢牢地生了根，他就会变得温文有礼；如果受了坏的教育，结果就会相反。"

[2]杰夫·巴克利（Jeff Buckley，1966—1997）：美国创作型歌手，1997年春天因游泳溺毙。《哈利路亚》（*Hallelujah*）是巴克利翻唱的歌曲，被认为超过了原歌作者的原唱。原歌由加拿大作家、都市游吟诗人莱昂纳德·科恩（Leonard Cohen，1934年生）作于1984年，表现了忧伤、孤独的宗教情绪，被认为是流行音乐最美的旋律之一。

[3]拉赫玛尼诺夫（Sergei Vasilievich Rachmaninoff，1873—1943）：俄裔美籍作曲家、钢琴家。

[4]《幻想曲集》（*Fantasie*）：舒曼的钢琴套曲，作于1837年，作品12号。

[5] 维吉尔（Virgil，公元前 70—前 19）：古罗马诗人，著有史诗《埃涅阿斯纪》(Aeneid，又译《伊尼德》)。

[6] 万物有泪（the tears of things）：见维吉尔史诗《埃涅阿斯纪》第一卷第 462 行，其拉丁语原文是 Lacrimae rerum。诗中说：埃涅阿斯看见了迦太基人一座神庙中描绘特洛伊战争的壁画，画上描绘了他的朋友们和同胞们之死，叹道："万物有泪，必死之物感动了人心。"（拉丁语：sunt lacrimae rerum et mentem mortalia tangent）。此句表达了埃涅阿斯的伤感，因他目睹了生之悲哀（the pathos of life），看到世界充满了泪水（The world is a world of tears）。

[7] 朱利亚音乐学院（Juilliard School）：世界一流的音乐学府之一，成立于 1905 年，位于美国纽约曼哈顿林肯表演艺术中心，设有舞蹈、戏剧、音乐专业。

[8] 扁桃体（amygdala）：此指大脑中颞前部杏仁状的块状灰色物质，不是扁桃腺（tonsil）。

[9] "一"（one）的观念：古希腊哲学家巴门尼德（Parmenides of Elea，约公元前 515 年—前 5 世纪中叶）提出的哲学范畴。他认为"一"就是存在，存在是永恒的、连续不可分的、不动的。

[10] 乐节（musical phrase）：音乐动机的初步扩充，通常为 2～4 个小节。它不是完整的乐句，故以半终止（half cadence）收束。

[11] 《平均律钢琴曲集》（*The Well-Tempered Clavier*，德文：*Das wohltemperierte Klavier*）：巴赫最伟大的键盘音乐作品，作于 1722—1742 年，分为两册，各包括 24 首前奏曲和赋格，被誉为钢琴音乐的《圣经·旧约》。《升 c 小调赋格曲》全名《升 c 小调前奏曲与赋格》（*Prelude and fugue in c-sharp minor*），为第一册中的第四首，作品编号为 BWV849。

[12] 从纵向上看（vertically）：此指复调音乐各声部的和声关系。

[13] 荣格（Carl Gustav Jung，1875—1961）：瑞士精神病学家，创建了分析心理学，提出了"外向型""内向型""集体无意识"的心理学概念。

[14] 斯特拉文斯基（Igor Fyodorovich Stravinsky，1882—1971）：俄裔美籍作曲家，其芭蕾舞剧音乐《春之祭》(*The Rite of Spring*，1913)被视为调性音乐向无调性音乐转变过程中的重要作品。

[15] 伪终止（deceptive cadence）：和声学术语，指除了最后一个和弦不是主和弦，具有正格终止一切特征的终止式。它最后不解决到主和弦（Ⅰ），而是解决到其他和弦，通常为六级和弦（Ⅵ），因此往往使人产生惊讶感、不确定感和期待感，造成特殊的心理效果。文中所说的"一级和弦"即主和弦。

[16] 亚历山大·齐尔品（Alexander Tcherepnin，1899—1977）：俄裔美籍作曲家。他1921年到巴黎音乐学院学习作曲，曾到日本与中国等地旅行，寻找素材，以创作俄罗斯风格兼具东方风格的音乐闻名。1934—1937年，他在中国从事钢琴演奏和创作，并应聘在1930年成立的上海国立音乐专科学校任教。他续娶中国女钢琴家李献敏（Lee Hsien Ming）为妻，1958年加入美国籍。1949—1969年，他在芝加哥德保罗大学（DePaul University in Chicago）任钢琴与作曲教授。他在1934—1936年间创作的《五首中国风格音乐会练习曲》，是最早的中国风格钢琴练习曲。

[17] 《朱庇特交响曲》（*Jupiter Symphony*）：即莫扎特《C大调第41交响曲》（*Symphonnies No.41 "Jupite"*），作于1788年。

[18] 霍洛维茨（Vladimir Horowitz，1904—1989）：俄裔美籍著名钢琴家，以演奏肖邦和李斯特的作品闻名。

[19] 亚历山大·布莱洛夫斯基（Alexander Brailowsky，1896—1967）：

俄国钢琴家，以演奏肖邦作品闻名。

［20］莱谢蒂茨基（Theodor Leschetizky，1830—1915）：波兰钢琴家、作曲家、钢琴教育家。

［21］车尔尼（Karl Czerny，1791—1857）：奥地利钢琴家、作曲家，贝多芬的学生，李斯特的老师。

［22］奥登（Wystan Hugh Auden，1907—1973）：英裔美籍作家、批评家、诗人，在20世纪文坛上占有重要地位。

［23］叶芝（William Butler Yeats，1865—1939）：爱尔兰诗人、剧作家，20世纪最伟大的诗人之一。

［24］波利尼（Maurizio Pollini，1942年生）：意大利著名钢琴家，擅长演奏贝多芬、肖邦和普罗科菲耶夫的作品。

4. 音乐与暗影

安德鲁：我们结束这番交谈之前，我要向你提一个不得不提的问题，西摩。你观察自己时，你的暗影（shadows[1]）是什么呢？你认为你有哪些负面特性？你怎么评价你自己？

西摩：你叫它们"暗影"吗？

安德鲁：暗影。

西摩：懒惰。

安德鲁：懒惰？

西摩：对。我觉得自己本来可以做更多事情。我工作的时间还不够长，可我知道我每天确实都工作很多小时。你看我始终都在工作。我认为这总是不够。我的理想超过了我实际做的。另一个暗影就是，我不喜欢自己体重超标。我知道怎么矫正它，但我没有勇气放弃缅因州极好的圣代冰淇淋（sundaes），我在这里有冰箱。我在纽约市没有冰箱，所以不能保存圣代冰淇淋。因此我承认，在缅因州这里，我几乎每晚都自制一个圣代冰淇淋。我对此十分内疚。那就是一个暗影吧？它是我的暗影之一。若不是这样，我真的就是个很好的人了。我很遵守纪律，我很有条理，我爱人们，只想帮助别人。

说到有条理，我很警惕一些人，他们来自混乱的环境。我强烈地感到：我们穿过混乱的环境时，我们的眼睛会记录混乱，把混乱的信号发送给我们的心灵。总之，我觉得那些混乱会影响我们的整个身心。正因如此，我才每天早晨一丝不苟地叠好被子，我才负起了应负的责任，例如支付账单等。我从不把脏碟子留在水池里。

安德鲁：真希望我也能这么说。我的头脑很有条理，但我天生就不整洁。每年我都下决心改变，但至今都毫无成功。现在我想问你一个问题，很多哲学家都深入地思考过它，一些作家还写过关于它的大量文章，它就是音乐的暗影。

还记得我们讨论过托马斯·曼的小说《浮士德博士》[2]吧？在那部小说中，托马斯·曼要我们思考一种可能：音乐本身会转移人们对真理的关注，会成为一种诱惑，诱使人们远离现实生活中那些令人筋疲力尽的要求，远离生活中的挑战，那就是出于同情和伸张正义的激情而做出实际行动。柏拉图在他最后的著作《法律篇》（Laws）里取缔了音乐[3]。克尔恺郭尔[4]抨击了总体的艺术，说艺术是某种唯美主义，能模糊现实行动，模糊道德规范，掩盖责任。以你自己对音乐激情的理解，你可曾感到你在用音乐逃避生活？音乐会不会有时让你能藏在它后面，避开世上的痛苦和绝望？

西摩：嗯，我也想到过你说的这个问题。回答这个问题之前，我想重复一下我给你讲的那个故事，就是我3岁时摁我姑姑的钢琴键的故事。当时，我对哲学和关于音乐的一切还一无所知，却突然知道了音乐就是我注定的命运。那是我的真实经历。我当时迷上了音乐，又不得不对付我父亲和他对我的所有虐待，但我最近的确认为：我当时之所以痴迷音乐，更主要的是为了躲避我父亲。我在音乐领域里很安全，因为他对音乐领域一无所知，在其中不能触碰我、伤害我。但相反的情况也可能是真的：我若有一位待我极好的父亲，能像真正的父亲那样对待我，我还会对音乐怀有如此的激情吗？你知道，这完全说不清楚。

安德鲁：我认为，你一定也会对音乐充满激情。但你是否感到，你曾把音乐当作麻醉药，当作回避这个星球上的苦难的一种方式，当作不关心骇人听闻的不公、不关心改变不公的需要的一种方式呢？伟大的艺术变成了麻醉药，却没变成对行动的激励，难道不存在这个危险吗？

西摩：噢，我从没把艺术当作麻醉药。但我必须告诉你，在许多困难的甚至危及生命的经历中，音乐都曾被用作一种救助。我尤其想到了军队。

安德鲁：请谈谈这个问题，因为我深深感到：你在疯狂、苦难和恐怖（那就是战争）中演奏音乐的经历，给过你某种启示。

西摩：我不能不先对你说，我有过两种截然相反的经历，既有过几次危及生命的经历，也有过几次给我激励的经历。我从基本军训说起吧。很多人根本不知道，朝鲜战争期间，很多年轻人都参加了为期14周的步兵训练。嗯，我当时被派到了新泽西州的迪克斯堡基地（Fort Dix）。我的基本军训是在严冬进行的。我不相信哪个士兵忍受过那么严格甚至可说残酷的训练。现在。我深信：你必须挺过无数小时的高强度心理训练，这能帮助你度过严酷的考验。完成了基本军训，我明白了音乐怎样能作为一种拯救生命的力量：特遣队长让我负责管理一个电影院，它的办公室里有一架钢琴。他那么做，是为了让我有时间练琴。

幸运的是，我和小提琴演奏家肯尼思·戈登（Kenneth Gordon）被编入了同一支部队，他是纽约交响乐团的首席小提琴。我们同时被派往朝鲜。我们先飞到了西雅图和华盛顿，再跟3 000名士兵一起，被赶进了一艘只有一个大烟囱的船，士兵里还有1 000名加拿大人。

我们睡在舱底，两人并排，离甲板4英尺。14天后，我们到达了日本。我第一天睡醒以后，就被眼前的景象震惊了：那是我能想象出的最恶劣的晕船。很多人都冲进厕所里呕吐，使厕所无法使用。结果，人们便吐在了各个地方，甚至吐在了粗呢子睡袋上。那简直是噩梦。几乎所有的人都及时适应了摇荡的船。但我却没有适应。我每晚都在一架立式钢琴上弹李斯特的《第六号匈牙利舞曲》，钢琴绑在底舱舱壁上。肯尼思·戈登跟我一起演奏。我跑到甲板上，向太平洋里呕吐。船医最后对我说我脱水了，必须住进船上的医院，通过静脉注射营养液。我躺在一张真正的床上，恶心得要命。医生对我说："由静脉注入的营养液一旦进入你体内，你几乎马上就会好了。"他把注射针头戳进我的胳膊，离开了房间。十分钟后，他回来了，而我的状况却比刚才更糟了。我最后抽搐起来。我只记得，他拔出了我胳膊上的针头，又给我注射了另一种东西。我就像在不断地漂浮、盘旋，失去了知觉。

我醒来时，床边坐着一位牧师。看来，那个输液瓶子是被污染了，我几乎死掉。船到日本，我们登上了另一艘运兵船。但这回发给了我们钢盔，还有M1式步枪，我们在基本军训时学过怎么使用它。早晨5点30分，我们在甲板上排队，船正慢慢地驶向仁川港（Inchon Harbor）。我们都害怕极了，因为都知道我们即将进入一个战乱中的国家。我还记得自己当时还想到：演出前的紧张（preperformance nervousness）根本不能跟这种恐惧相比。更糟的是，1951年4月24日还是我24岁的生日。

我们虽然身处战争，我当时还是很幸运地躲过了战斗，因为我奉命给吓坏了的士兵们开音乐会，那些人刚从前线回来，又被军官俱乐部排斥在外。肯尼思和我为前线的联合国军开了一百多场音乐会。我们还和汉城交响乐团一起为范弗里特将军[5]表演，观看表演的，还有他在汉城办公室的所有联合国军军官。

安德鲁：在这种极端环境中，你对音乐有了什么认识？

西摩：哦，亲爱的安德鲁，音乐比大多数人想的更有力量。你看，有些人连古典音乐的一个音符都没听过。当时有个这样的人去找肯尼思·戈登，听戈登演奏了《圣母颂》(Ave Maria)，浑身起了鸡皮疙瘩。此人对戈登说："我一辈子从没听过那样的东西。要是你停止拉小提琴，我就把它摔碎在你脑袋上！"有些男孩子经常到我们这儿来哭泣。我无法告诉你音乐如何动人。

安德鲁：在这些极端环境里，你认为音乐为他们做了什么？毕竟，那些男孩子正在面对死亡，你当时为他们演奏了西方音乐传统的伟大杰作。

西摩：我们当时知道我们正面对死亡。音乐里的某种东西能暂时缓解所有那些恐惧。当时我们的演奏真的发挥了音乐治疗的作用，最严格意义上的音乐治疗。

安德鲁：因此从某种意义上说，你当年在朝鲜的经历回答了柏拉图、克尔恺郭尔等人，他们把音乐谴责为一种使人远离现实的潜在诱惑。而你说的是：在战争爆炸性的恐怖现实中，音乐提供了另一种现实，它帮助人们忍受了不得不忍受的东西。

西摩：我确定，从某种意义上说，以往的哲学家和国家首领必须控制他们必须对之负责的公民。他们不能允许音乐麻痹公民，使公民忘记国家要求公民担负的现实责任。我知道那么做很重要。顺带说一句,我记得我读过柏拉图的著作,他只取缔了某些样式的音乐,因为他认为那类音乐会使人们做出令人厌恶的行为。但就我个人而言,我当年曾日复一日地生活在战争的恐怖中,音乐就是我的救星。我想音乐救过我的命。

安德鲁:所以,音乐绝不会具有消极意义——你不会说,(例如)马勒[6]神经质般的宏伟作品包含着病态的疯狂吧?你绝不会认为贝多芬的一些作品过分强调了他的自我吧?你不会认为,个人的狂热会暗中败坏音乐吧?

西摩:根本不会。

安德鲁:那么,你认为音乐独立存在于它自己的领域吗?

西摩:音乐是个独立的世界。音乐除了其本身没有任何意义。它根本不涉及物质世界,即使所谓"标题音乐"(program music),也是如此。音乐甚至能模仿某种东西,例如贝多芬就在他的《第六交响曲》中用长笛模仿了夜莺。但归根到底,长笛独奏就是一部音乐作品的一部分,那部作品与物质世界毫不相关。它不再是一只夜莺,而完全变成了一种音乐经验。总之,音乐仅仅意味其本身。

安德鲁:正是由于这个特点,音乐才具备了拯救功能。

西摩：无论是谁或者无论是什么赋予了音乐这种最伟大的功能，这种功能都服务于众生和宇宙。

安德鲁：你知道，亲爱的西摩，多年以来，我集录了一本无比宝贵的语录笔记；其中的语录向我揭示了音乐神秘力量的本质。这里有一则我喜欢的语录，是鲁米[7]写的：

可知音乐是爱乐者的粮；
音乐将灵魂提升到天堂；
复燃了冷灰，再添了暗火；
我们听了它，安宁又欢乐。

注释：

[1] Shadow：根据全文语境，此词转喻"缺点、不足"或"消极因素"。又：瑞士心理学家荣格（Carl Gustav Jung，1875—1961）的分析心理学中"阴影"（shadow）的概念是一种"集体无意识"原型，指不为人们的意识所接受的内容，是个体人格中的卑劣部分。但本书作者在此处未必使用了这个本义，故译为"暗影"，以示有别。

[2] 托马斯·曼（Thomas Mann，1875—1955）：德国现实主义作家，1929年诺贝尔文学奖得主，其代表作为长篇小说《布登勃洛克一家》（1901）。小说《浮士德博士》（*Doctor Faustus*）发表于1947年。

[3] 这个说法不够准确，柏拉图并不排斥一切音乐，只反对一味追求快乐、败坏美德的音乐。参见《法律篇》第二卷，"雅典陌生人"（Athenian Stranger）与克里特人克雷尼亚斯（Cleinias）的对话。

［4］克尔恺郭尔（Søren Kierkegaard，1813—1855）：丹麦宗教哲学家，存在主义哲学先驱，其代表作有《恐惧与战栗》(*Fear and Trembling*，1843)和《或此或彼》(*Either/Or*，1843)。

［5］范弗里特（James A. Van Fleet，1892—1992）：美国陆军上将，1915年毕业于西点军校，1951年在朝鲜战争中担任美第八集团军司令，1953年退休。

［6］马勒（Gustav Mahler，1860—1911）：奥地利作曲家、指挥家。

［7］鲁米（Mevlana Jalaled-Din Muhammad Rumi，1207—1273）：古波斯诗人、法学家、伊斯兰学者、伊斯兰苏菲教派（Sufi）神学家。另见本书第一部分。

第三部分　家庭

穿军装的西摩在纽约州迪克斯堡基地参加基本军训

1968年，西摩与芝加哥交响乐团首演巴西作曲家威拉·罗伯斯（Villa Lobos，1887–1959）的《第二钢琴协奏曲》

西摩的大姐丽莲和两岁的西摩在山羊车上,摄于他们纽约州纽华克的住宅外

6岁的西摩

西摩的犹太成人礼照片

5. 原谅或不原谅

安德鲁：西摩，我们一直在谈论你生活里的这个光荣时段——这部影片，它的创作过程，它引起的兴奋，还有对它的那些不可思议的反响。我们还谈到了你那种最强烈的激情——音乐。我们换个话题，说说你在生活中遇到的挑战——它们是你童年的一些重要经历，它们塑造了你。我们就从你和你父亲的关系说起吧。

西摩：好吧，安德鲁，但你要做好准备，那可不是一幅漂亮的图画。我记得，从我大约6岁时起，我就感到仿佛有一团乌云在我头上盘旋。说这种不祥之感其实是由于我父亲的存在，这让我伤心。他出生在俄国，家有三个兄弟、两个姐妹。他15岁来到了美国。他在粗劣的移民背景中长大。一家人为了在他们的新国家生存下来，想尽了一切办法，尤其是在大萧条到来时，人人都不守规矩了。但他们也足智多谋、不屈不挠。他们的粗糙生意干得还不错，例如经营废旧物品和粗麻袋等。但说到文化，还是把它忘了吧！他们从不听音乐会，从不看戏，而那只是因为没时间、也没钱去理会那么轻浮的东西。因此，即使事实证明了我有音乐和艺术的才能，他们也根本不为之骄傲、为之庆贺——至少最初是如此。在我父亲那代人的社会圈子里，几乎人人都认为艺术才能是多余的、令人恼火的。

像众多父亲一样，他只能设想他儿子应当成为什么样的人。但事实上，我那时却跟他的设想截然相反。其后果再明显不过了——至少我是这么看的：在对待我的几乎每一件事情上，他都闷闷不乐、十分严厉。例如，他常常受不了我吃饭时跟我三个姐姐进行孩子气的欢快交谈。"别说话，吃饭！"或者"要有男子汉的样子！"这类严厉训斥十分常见。若忽视了他的责骂，他便会抬手打我一巴掌，压制我的热情，还会使我胃痛。

一天晚上，我们请一位客人吃饭，他是我父亲生意上的熟人，荷兰人。饭后，我们在起居室站成了一圈，我父亲比我高，他那位朋友比他高。是我父亲开始讨论的——说我太敏感，还算不上男子汉。那个荷兰人紧抓住我10岁的骨架，提出了一个他认为完美的办法："应该把你训练成最轻量级的拳击手，"他对我说道，眼里闪着一种恶魔式的欢乐神情。父亲对我说："你一定具备拳击手的体格！"我无法回答父亲的话，但记得我当时被吓坏了，十分为难，蹲在了地板上。

几天以后，我父亲把一副拳击手套带回了家。我一瞥见它们就慌了。更糟的是，我姐夫弗兰克把手套紧紧地戴在了我手上，还把我领到了屋外的后院里，给我上第一堂拳击课。他轻轻打了我一拳，打在我右肩上，满心盼着我还击，或者至少自卫。见我既没还击，也没自卫，他就用力打了我一拳。我仰面栽倒了，哭了起来。我跑回屋子，扯下拳击手套，扔在了地上。弗兰克没安慰我，也没鼓励我。我认为他是在想，让我当拳击手是我父亲的蠢念。我父亲大概以为他儿子将成为公认的懦夫之一。那番想让我强韧起来的训练，就这样作罢了。

安德鲁：西摩，你很坚韧，但不是你父亲似乎想让你具备的那种坚韧。长时间练琴，克服乐谱上的各种困难段落，夜复一夜地旅行、在音乐厅表演，都必须具备难以置信的坚韧精神。那不是拳击，却有十分苛刻的要求，需要很大的毅力。作为犹太人，你父亲强加给你了什么宗教训练？

西摩：对我的宗教训练，我父亲也有一些很强硬的想法：我应当成为"真正的犹太人"——无论这话是什么意思。我6岁时，一位可敬的拉比[1]来我家给我上课；那年我刚开始上钢琴课。他的白胡须落在坎肩上；他头戴宽边帽，身穿黑外套，走路时外套似乎碰到了地面。他最初给我的印象，自然是一个对我有威胁的人物。但他说起话来却目光炯炯，声音里流露着温和与关爱。随着上课，我渐渐真的喜欢上了他，而这促使我在规定时间内学会了 alef 和 bet（希伯来字母表上前两个字母）。对我的进步，他和我父亲都很高兴。

第二年，我父亲把我送进了一所希伯来人学校——这是从私人教学的重大转变。学校邻近一座正统犹太教教堂，我父亲每年只去一两次，一次在犹太教新年（Rosh Hashanah）的赎罪日（High Holy Day），另一次在犹太人赎罪日（Yom Kippur）。我那个班里有将近十名学生，从7岁到10岁。每天下午四点到五点上课——从周一到周五。人们以为上学是一种令人兴奋、大有收益的经历。但我们的课程只是教我们读写希伯来语和意第绪语（Yiddish），还有凭记忆背诵某些希伯来文的祷告词。

安德鲁：这一定让你烦死了！

西摩：是啊。我们读的、背诵的似乎都不是重要的东西：我们只是机械地模仿拉比，不动脑子。更糟的是，每年都有新生入学——他们的年龄总是大的大、小的小。因此，我们不得不把全部课程从头再学一遍。对我父亲说明这个情况，根本就不管用。他以为，我为了不去希伯来人学校上学，什么借口都编得出来。

安德鲁：可你还是继续上学了吧？

西摩：我每天去希伯来人学校都要走很长的路，心中的酸楚和怨恨无法诉诸语言。家校往返和上课，使我彻底失去了两个多小时的宝贵时间——我宁可用这些时间去练琴，去从事我的各种爱好：只说说其中三种吧，那就是制作模型飞机、编珠串和栽种植物，要么就干脆跟我的朋友们到户外去玩儿。我也不能去求我母亲。她深知在宗教问题上不能跟我父亲作对。说到底，问题就是要么去希伯来人学校上学，要么就面对我父亲的暴怒。

没过多久，我就发现了这种不用脑筋的机械教育的目的：使我们能在犹太教堂读出任何一段新年赎罪日祷文，让父亲为我们骄傲。我至今都能听见我父亲当年督促我说："大点儿声，大点儿声！"也能看见他跟所有站在我周围的人交换自豪的眼神。我当时想到的，当然只是我为了让父亲感到骄傲而不得不付出的代价。在那些时刻，我比任何其他时候都更恨他。

安德鲁：我完全清楚这是为什么。你一定吃过很大的苦。

西摩：我9岁时，已经跟父亲发生过几次严重冲突了。一方面，我父亲不允许有关希伯来人学校的任何讨论："你必须继续上学，就这么定了！"另一方面，他似乎下决心抹掉我童年的快乐，抹掉我天真的好奇心。他一发怒，我便会把他看作一条想用烈火烧毁我的龙。反抗他，简直就不可想象。虽说他是一条龙，但他毕竟是我父亲；父亲不是像神一样的人物，我们必须服从他们的每一个命令吗？我当时想：藏起你的恨吧，不然，上天那位真正的神就一定会想法子惩罚你！压制我对父亲的厌恶，让我付出了沉重代价：顽固的头痛、胃痛，还有各种神经症状，都是我为此吃的苦头。

我当时常常希望我父亲和那位拉比死掉，这听上去很可耻。我越是怀着这种念头，就越是内疚。父母就是老师，差劲的父母比差劲的钢琴老师多。我成年后，为了忘掉我父亲和几位钢琴老师当年教我的东西，花了大量时间。当然，我们可以换掉差劲的钢琴老师。但是，父母与子女却有着生物学上的联系。父母可以不认子女，子女可以不认父母，但都不能不承认生物学。

坦率地说，当年我父亲和我完全是在互相忍耐。从周一到周五去希伯来人学校上学，这让我很厌烦。可是后来，我父亲又命令我每个周六上午到犹太教堂去做礼拜。犹太教的安息日（Shabbos）从周五晚上开始，持续到周六日落，是为成人礼（Bar Mitzvah[2]）仪式保留的日子。我还有一年就要接受成人礼了，因此我父亲认为：让我观看男孩子们完成这个仪式，会对我有好处。

我唯一不用上学的日子，当然是每个周末。那是用来弄音乐的时间，是用来完成创作计划的时间，也是用来娱乐的时间。当时，遵照我父亲的新命令，我每周都不得不用六天的时间去我最不喜欢的那个地方——犹太教堂。我心里慢慢生出的反叛念头，此时已经完成了。我知道一场激烈的冲突即将到来。

安德鲁：究竟发生了什么？

西摩：科恩拉比（Rabbi Cohen）是那个犹太教堂的大经师，辅导所有的男孩、女孩接受犹太成人礼。虽说学校和犹太教堂的一切都让我厌恶，但事实证明：我接受的新训练却让我出奇地愉快。它是成人礼的一部分，叫作"唱圣歌"。一切音乐都会深深地影响我——无论它是用钢琴弹的我喜欢的乐曲，还是咏唱的《希伯来圣经五卷书》（*Torah*）的经文。对我来说，《希伯来圣经五卷书》和经文本身全都没有任何意义，因此我就把"唱圣歌"完全看成了提高自己歌唱能力的机会。我做得很好，拉比似乎很高兴。但有一天我太倒霉了，竟唱错了一个词。一只粗糙的大手从经书另一边伸了过来，在我脸上抽了一巴掌。我记得当时我感到的不是伤害，而是侮辱。我咬着下嘴唇，没哭出来。从那一刻开始，我就知道自己必须对付两条龙了。

安德鲁：这使你惧怕一般的长者了吧？

西摩：对。其实，我对长者渐渐产生了恐惧，除了我的几个姐夫。例如，我那时常为我母亲去杂货店买东西。通常你能在那种店里买到几乎各种东西。我还记得店里有一个卖冰淇淋的柜台，你能买到用真奶油抽打成的圣代冰淇淋，每个15美分。店主是个很有魅力的人，总是亲切热情地跟我打招呼。但我一看见他就会做出自卫反应：我心里很紧张，而且会无端地脸红。当着其他商店的店主、学校的男老师，甚至当着年长的男亲戚，我的反应也都如此。那时我9岁，根本不知道那些症状是什么造成的。现在想来，我认为我当年是把对父亲的恐惧转移到了很多男性长者身上。

有两件事帮我摆脱了这种神经症：一件是我父亲的死；另一件是我的几个姐夫都很支持我。他们对我的关心，补偿了我父亲对我的冷漠。没有他们，我完全可能一辈子都摆脱不了这种神经症。

安德鲁：感谢上帝，多亏你有那些姐夫！现在，我们再回来说说你的成人礼吧。它是怎么进行的？

西摩：举行我的成人礼的日子到了。我那时常想，平常的13岁男孩女孩会怀着欢乐的心情看待那一天，并且完成成人礼。但我在那一天却焦虑无比，就像后来我举行重要的钢琴独奏音乐会时那样。演奏家大多都有事前紧张（preconcert nerves），哪怕他们没有经历过犹太成人礼，而我也常想知道：当时我站在教堂的布道台上，万分惊慌，那种惊慌是否造成了我日后当演奏家时的舞台恐惧。就表演而言，只要学会事前采取一些预防措施，克服紧张，音乐家便能演奏得很好。多年的表演经验已使我认识到了一点：若是可能，先在要举行音乐会的场所预演一遍，这很重要。

但事实证明：在我的成人礼上，我对那个仪式整整一年的旁观，却根本不能代替真正的成人礼，就像音乐家当观众不能使他做好上台准备一样。想象一下吧：突然发现我自己站在一个犹太教堂的讲台上，低头紧盯着《希伯来圣经五卷书》——全都是第一次。我站在我父亲、母亲、三个姐姐前面，还有满教堂的观众，成了他们注意的中心，但这根本没有打消我的惊慌。我只有一个念头：我若是表现得不好，若是忘了仪式的任何一部分，让我畏惧的将不是神的惩罚，而是我父亲和科恩拉比的惩罚，实实在在的惩罚。科恩拉比站在我右边，与其说他在支持我，不如说在威胁我。我用刚刚能被听见的声音，慢慢地念起了一大串宗教祷告词的第一部分，他低声警告我："包因斯坦，你整（怎）么啦，包因斯坦[3]——你是病了还是整（怎）么了？"不过，虽然我念得毫无生气，虽然我胃里像结了疙瘩，虽然科恩拉比在场，我还是挺了下来。仪式好像没完没了，包括背诵希伯来经文，唱《希伯来圣经五卷书》里的赞美诗，我还要讲两次话，一次用意第绪语，一次用英语。我当时很无知，以为我说完最后几句话，就意味着我摆脱了7年的束缚——告别13岁了。

当晚，家中举行庆祝晚餐时，我的成人礼自然成了大家议论的话题。我兴致极高，怀着演奏家都很熟悉的那种轻松感，表达了我的快乐，说再也不用去那个希伯来人学校了。我父亲一听就放下了刀叉，喊道:"什么!你以为你完成了成人礼,你的希伯来人教育就结束了吗?"我满心疑虑,觉得自己的脸都变白了。父亲希望我去希伯来人学校继续上学,那是最出乎我预料的事情。我多年被压抑的愤怒立即爆发了,虽说当时我还不知道。我用在教堂讲台上不曾有过的声音,竭尽全力地喊道:"我绝不回那个学校,绝不!你可以惩罚我,随便你说什么,可你再也不能让我回那个学校去了——再也不能了!"

当时我以为父亲会杀了我。他用两个拳头砸着他餐盘两边的桌面,震动波传到了餐桌另一头。他把身子朝椅背猛地一靠,那个冲力使他和椅子都朝后倒了下去。他摔在了地上。我母亲和三个姐姐都冲过去扶我父亲。我呆坐在座位上,心中只想:我把我父亲杀了!但他既没死也没伤。那把椅子被扶了起来,我父亲被搀了起来,又坐在了餐桌的一头。

过了一会儿,我父亲好像恢复了镇定,我母亲开始说话了。正如我所说,她在宗教问题从不跟我父亲作对,但那一刻,父亲的主张想必超出了她的耐性。她大声地指出:"7年,麦克斯——6年哪!他为什么该去希伯来人学校继续上学?反正他也不想当拉比。那已经够了。他应该有更多时间练琴,有更多时间在新鲜空气里活动。别再上希伯来人学校了,就这么定了!"

我父亲还在因为摔在地上感到丢脸,一定觉得我母亲的抗议是个很难对付的重负。无论出于什么理由,父亲的脾气完全消失了。他的声音很温和,不再是那条龙发出的声音了。他的回答很简单:"好吧,好吧,内莉。"然后他继续吃饭。

此后,一切事情都变了。对我母亲让步,其实就等于承认了让她控制我的命运。那条龙被迫屈服了，此事本该使我松一口气，但它却使我父亲比以前更经常发火，并且火发得更大了。我头上的那团乌云更暗了。

安德鲁：太糟糕，太可怕了。我想，你父亲对你的未来一定抱着很顽固的幻想。

西摩：我是家里唯一的男孩子，因此我父亲很自然地希望我继承他的生意。我14岁时，他非要我在他的旧货场里干一夏天的活儿。我发现自己非常厌恶那种活儿，而我那些感觉无疑都写了我的脸上。当然，这根本改善不了我们的关系。熬完了夏天的几个月，我父亲在对待我的每一件事情上更爱发火了。我特别害怕我们单独在一起的时候，例如工间休息和吃午饭。我们之间的沉默，只是加剧了已经存在的紧张关系。若说我跟废金属生意的那次短暂接触给我带来了什么好处，那就是我对音乐的激情，还有我把音乐作为毕生事业的决心，都比以前更强了。这证明了愈挫愈奋的道理。我总是在想，我父亲对我的音乐抱负毫不关心，其实促使了我比以前更努力地练琴。若不是因为我，我父母之间的关系本来会很好。从我成人礼那天"摔出椅子"的事故开始，我母亲就在几乎一切和我有关的事情上跟我父亲作对。她知道练琴在我生活中至关重要，就让我父亲和家里每一个人都知道：我对练琴的需要重于其他一切。母亲对我非常疼爱，又担负着对我父亲和姐姐的责任，而对她怎样维持了这两者的平衡，我至今还感到惊奇。

一切似乎都还顺当，直到我 15 岁时一个春天的晚上。我父亲对我说，他打算让我再去他的旧货场里干一夏天活儿。幸好当时我母亲离我们不远。她对我父亲说："他夏天要练琴，别想让他或者其他任何人为你干活儿了——就这么定了！"

我父亲不太高兴，对我母亲说："今年夏天他也该干点儿工作了，"就像练琴不是工作似的，"了解这个屋子外边的生活是什么样子，对他没坏处。何况，他也该挣点儿钱了，像别的男孩子那样。"

我母亲用她知道的唯一办法对付我父亲的固执。第二天晚上我父亲收工回家后，我母亲没给他做饭。我父亲又吃了一次亏，而这完全是因为他那个音乐家儿子。

无论我父亲的虚荣心付出了什么代价，他终于接受了一个事实：我命中注定要从事音乐，而不是经营旧货。我快到 20 岁时，开始在比赛中获奖，赢得了一定的重视，人们承认我是新泽西州和纽约市的一位钢琴家。我父亲的态度显著改变了。

安德鲁：究竟是怎么改变的？

西摩：从那一刻起，他对我音乐活动的支持变得惊人慷慨了。他无论如何都不算富裕，但无论我需要什么，他总是拿出钱来——礼堂租金、管理费、服装等。但是，他虽然一直用实际行动支持我，他心里的某种东西却使他永远不能全心全意地接受我选择音乐生涯这个事实。对他来说，我一直都是个谜——对我来说，他也一直是个谜。其实，人们问他有几个孩子时，他的回答总是一样："我有三个女儿和一位钢琴家!"他的回答不只包含着讽刺。他成长于一个不赞成男人从事音乐的社会,因此,他自己的儿子是音乐家,便让他深感苦恼。同样,我告诉我的老师们和音乐界的朋友们我父亲是捡废铁的,也让我感到困窘。我们都陷入了一张互不相容的绝望之网——陷得太深,以至我其实只能回忆起一种情况,唯有在那种情况下,父亲的存在才不会让我感到不安,那就是我们一起听某个特别的广播节目的时候。我和父亲虽然有很多不同之处,但我们还是有一种共同的东西——多愁善感。他比我更多愁善感,常常因为受到最微小的刺激就当众哭泣。每周日的下午,我和他都听一个叫"最伟大的故事"(The Greatest Story Ever Told)的广播节目。那是一个叙述耶稣生平的系列广播节目。听广播当然能互不说话,而这无疑是一个最根本的理由,解释了为什么听广播是我们在一起时唯一快乐的事。在每半个小时节目的末尾,都会响起耶稣讲寓言的声音,我父亲都会禁不住呜咽起来。我也深受感动,跟着我父亲哭。

安德鲁:你认为你父亲为什么哭?

西摩:若是我们不是彼此陌生,若是我当时更勇敢些,我本来会问父亲为什么哭:是因为他暗中为基督教所吸引吗?他只是在对那段寓言的意义做出反应吗?我父亲跟我和我的渴望关联太少了,所以我也发现:他听见我弹奏某些乐曲也会哭,这与其说使我感动,不如说使我感到离奇——他被音乐感动了吗?他在后悔以前对我做过的事情吗?他终于为他的钢琴家儿子感到骄傲了吗?

如今他去世了，我再也无法知道这些问题的答案了。他1964年7月死于肝癌，那年他72岁，我37岁。具有讽刺意味的是：我的父亲，在生活中离我那么远，却是在我怀里去世的。他临终时，我是唯一被他允许给他做必要的卫生护理的人，他自己已经做不了那些事情了。我一直到了50岁，才终于能说出我的真实感情：我恨我父亲。即使今天，只要一想到他，我还会回忆起我童年一连串不愉快的场景。

安德鲁：若不会让你太痛苦的话，就请你给我说说其中的一些吧。

西摩：（我仿佛看见）当年，他要离开家、跟几个朋友去深海打鱼，我恳求他带我一起去。他没理我。我被留了下来，心里充满了被排斥的感觉——我和父亲的全部关系中，这个主题反复地出现。我（仿佛）看见：在我们在纽华克[4]的家中的地窖，他决心教会我们那只成年警犬斯考蒂（Scottie）用后腿站起来。他一手抓着大铁铲，一手抓着斯考蒂的脖子。但斯考蒂也像我一样，不能满足我父亲的期望。我至今还能听见：当时，铁铲一次次地猛揍斯考蒂的臀部，它发出了痛苦的嚎叫。我父亲虐待狂式的怒火越烧越旺，我尖声叫道："住手！别打了！"可他不理我，接着打斯考蒂。最后，还有一些我永远都忘不了的场景：我当时3岁，也许是4岁。我和我父亲在我们在纽华克佩恩大街（Payne Avenue）公寓的浴室里。他教我使用抽水马桶。他光着身子。后来我6岁了。在基尔大街（Keer Avenue）的起居室里，我们单独在一起。我们在沙发上，我坐在他腿上。他在抚弄我。那种情况持续了两年多。我记得，我当时感到困惑和厌恶。但当时我坐在那儿想，这就是父亲对他们的儿子做的事情。

我相信我父亲生活在恐惧里，因此我才记住了这些情节。他通常很爱发火，他想窒息我的天性，他一向回避我的目光，这一切都像这种恐惧症的表现。我把他对我的这些行为看作一把精神铁铲的长久打击，看作他压抑往事的一种尝试，他想靠这些行为彻底忘掉往事。他从精神上、有时从肉体上打击的，当然正是我。毋宁说，我在他眼里成了他内疚的象征，为他对我做过的事情内疚。他惩罚的不是我，也不是斯考蒂，而是他自己。

奇怪的是，家里其他人都没怀疑过我和我父亲之间反复发生的事情。他们把我和父亲之间的紧张关系归因于我父亲的失望，因为他没能使我从事他的生意；也归因于我和父亲的全面对立、互不相容。此外，当着我母亲和姐姐，我父亲还会装出某种正常状态——任何父子之间都会存在的那种正常状态。他甚至叫我"伙计"（pal）（他把它念作"pel"），就像他跟我是最好的朋友。我记得，我小时候一听他那么叫就真的会畏缩。若说那个叫法还有什么意义，它也只是强化了我们父子关系的空虚。我那时根本不知道父子间还能存在温馨的交流，如今我一想到这一点就深感悲伤。相反，我当年不得不每天对付我父亲的神经质，他用他的行动和言语，或者干脆用目光，把他的神经质转移给了我。因此，我父亲去世时，我哭得竟比我母亲和姐姐还痛，那真是个小小的奇迹了。我绝不是出于爱或关心而哭，而是因为我再也没有父亲了而哭。那时，我不但盘点了我父亲对我做过的一切，而且盘点了他从我这里夺走的东西，我绝不原谅他。

安德鲁：西摩，想到你人生的这些最重要的时期发生的这些事，真是太可怕了。但是，看看你是如何挺了过来、让你的人生如此成功的吧。我很仔细地听了你对你父亲的看法，深深地尊重你的经历，但对于原谅，我的确有不同的见解。

西摩：愿闻其详。我一向欢迎不同的见解。你也欢迎不同的见解吧？

安德鲁：我希望我一生都对不同见解开放。

西摩：这个说法真是好极了。很多人永远都不会这么说，即使说了也不会去做。

安德鲁：你有一位很难对付的父亲，我有一位很难对付的母亲。她在我6岁时把我送进了寄宿学校，让我在一生大部分时间里都暗自觉得自己没有价值、不可爱，并且怀疑爱情，不但如此，她后来还严厉批评我的性能力和创造性，她采用的那些致命的方式，十分长久地玷污了我的性能力和创造性。

我母亲给我造成的痛苦和恐怖，的确成了我生活中的核心问题，那就是如何面对、如何原谅这一切。我发现，我必须想尽办法原谅她，才能尽量摆脱她给我造成的痛苦——才能尽量按照我自己的精神理想生活，那些理想是基督为我造就的。我已踏上了这个旅程，其实我选择了三种方式，以完成这项任务。第一种方式，是我和一位荣格派心理学家（Jungian）进行了深刻的分析，他很有才华，精力旺盛。他使我承认了我母亲的疯狂性和破坏性的全部表现，而我一直到五十多岁还否认它们。第二种治疗方式，是探究我母亲的生活，探究我母亲的心理特性和性情气质，以理解她为什么做出那些行动。

西摩：你弄清她为什么做出那些行动了吗？

安德鲁：是，我弄清了。20年前，我用了一个小时的时间，和她谈了她的童年、她和她母亲的关系、她早年的梦想，以及她身为年轻女人时遇到的事情。她对我说的话使我懂得：当年她不可能采取别的做法。那就是我原谅她、同情她的理由。她的母亲——就是我提到过的那位钢琴演奏家[5]——非常嫉妒我母亲的旺盛精力和美貌，非常嫉妒我的外祖父给我母亲的慷慨的爱。我的外祖母有些神经质，把神经质传给了她女儿，大部分时间都把女儿交给保姆照顾，那个保姆一直用发刷吓唬我母亲，并威胁她：若向别人告状，就杀了我母亲。

我母亲整个童年的梦想是：做个演员，以此反抗父母（因为父母想让她成为体面的秘书，嫁给富商）。因此，我母亲19岁时便把她的青春投入了音乐剧。她唱音乐剧，却因为患了重感冒，永远地毁掉了嗓音，而她那时已是很有名的女高音。她那一代人拒绝对妄想症的心理分析，也拒绝对疯狂的心理分析，因此，她一直不能理解这些经历的碎片，它们改变了她、令她惊恐，也不能把那些碎片整合起来。在50年时间里，她一直都是高功能的酒鬼（high-functioning alcoholic[6]），具有多重个性，其中一些确实可怕。

我实际采取的第三种方式，就是从我人生的整体意义和人生演变的角度，看待我母亲当年对我的做法。没有你父亲，你就永远不会埋头音乐、把音乐作为避难的绿洲；同样，没有我母亲给我造成的痛苦，我也不会想到踏上这样一条精神之旅，去发现我如此深深需要的女性；我也不会一心创作，把创作当作拯救我人生的一种强大方式。所以，从那个角度看待我的人生，看待我母亲在其中的作用，我便需要一种方式，我要以那种方式跪在我母亲面前，为了她无意间赋予我的这些才能而感激她、祝福她。我母亲当年没打算创造出我对神的激情，也没打算满足我对创作的原始饥渴，但她对我的那些做法，却使我获得了这一切。

因此，深刻分析往事，深刻理解我母亲当年为何那么做，从更广大、更具普遍性的角度看待我的人生，从这三个角度看，我在更年长时便发现：我越来越愿意原谅她了，我把自己从痛苦、愤恨和狂怒中慢慢解放出来了，它们在我心中存在过那么长的时间。

西摩：我能向你提个问题吗？

安德鲁：能。

西摩："原谅"（forgiveness）在这里的真正本质是什么？你的原

谅影响你母亲了吗？做到原谅，是否只是让你摆脱了对她的愤怒和怨恨？

安德鲁：我相信它影响了我母亲。

西摩：怎么影响的？

安德鲁：我想，只要存在母子关系这种密切关系，母亲便会无意识地知道：她的儿子也许没有原谅她；儿子心中还可能怀着真正的怨愤，无论儿子自以为多么巧妙地处理了那些怨愤。一旦我真正地原谅了她，我相信她的心灵就会把我的原谅记录在她心底，而这能使她复原。她如今88岁了，可能渐渐患上了阿尔兹海默症（Alzheimer，老年痴呆症），但我们最近的通话中已出现了一些小小的迹象，表明她真的变了。例如就在我们通话那天，她第一次对我说："你是个可爱的儿子。我爱你。你知道你爱我。"她说得很快，声音带着最不同于英国人的抽泣。你能想象这番话让我多么感动。她挂断电话之后，我发现自己看着手中的听筒，觉得它好像变成了金的。我每天都祈祷，愿在她去世之前，我们能和睦相处。

我的分析告诉我，那是个令人伤心的幻想，并完全可能是幻想，但我还是希望发生奇迹。我还想到——那个想法来自我对印度教所说的"羯磨"（karma，因果报应）的信仰，也就是命运的确会使我们因为自己做过的事得到报应——真正地原谅我的母亲，也能使她在一些更深的层次上复原。因此我相信，原谅她会使她释然，使她更快地踏上走向解放的漫长之旅。

西摩，你父亲在你三十多岁时就去世了。我如今63岁了，我母亲还活着。她还活着，这对我来说是好坏参半——说它是好事，是因为我们都还有时间改变自己、改造自己；说它好坏参半，是因为她当年给我造成的身心伤害至今仍在流血，她如今的言行仍在揭开那些伤口，虽说远不像从前那么频繁。

西摩：我们谈到，我们更深地被我们的激情吸引，你被精神探索的激情吸引，我被音乐的激情吸引，也许都是为了逃避我们的父母。我从没说过那就是事实。我说的是"可能如此"。所以结论就是：你不能肯定你更深地投入你对精神和知识的探索，就是为了逃避你母亲，我也不能肯定我比从前更努力地练琴，就是因为我父亲当年虐待我，把我送进了希伯来人学校。

安德鲁：那可能是假想，却像是生活呈现出来的一样。我认为其中有几分真实。

西摩：哦，但即使你的母亲是一位天使，即使我的父亲从没虐待过我，也没有强迫我上了六年希伯来人学校，生活也很可能为我们呈现出好的结果。

安德鲁：可能如此，但其实并未如此。

西摩：但我们无法确定，是吧？

安德鲁：你决定不原谅你父亲，却把他从你内心生活中排除了，我对此很感兴趣。你通过实际行动实现了你的决定，而你的行动就是：置身于你在这部影片里巧妙描述的那个半透明的水晶穹顶[7]中，它保护了你，使你免受你生活中的黑暗和破坏力量的伤害。

西摩：对。你推拒某些东西时，一定知道升华[8]的含义吧？我们的父母当年对我们做的事情，象征着我们的精神创伤。它永远都不会消失。那个创伤永远都在。我故意不把我父亲对我做过的事情升华，以治愈那个创伤。换句话说，我故意不把我对它的记忆推进我的潜意识，因为那种记忆在我潜意识中会继续无意识地伤害我，其结果将是溃疡、中风，甚至是我的早死。总之，你压抑了有害的东西，它还会在你的心灵中继续运作。

关于你对我讲的你和你母亲的问题，我是这么看的：恐怕你浪费了大量时间，想依靠原谅去摆脱那个创伤，因为你永远都不能摆脱它。我认为，我如今不再因为我父亲给我造成的创伤和痛苦，其唯一原因就是：我仍然能透过那个半透明穹顶观察我父亲。我不会再因为他当年的所作所为而受到心理伤害。我说我恨他时，根本没有受到良心的谴责。这就是事实。我没有装假，我无法改变它。我真的恨他，因为我提到过的他对我的抚弄，因为他强迫我去希伯来人学校上学。我恨他，永远都消除不了我的恨。我创造了我的半透明穹顶，因为我不想把父亲对我做的事情升华。毋宁说，我要永远警惕它，永远警惕我父亲，以此把对我命运的控制权从我父亲那里转移到我自己手中。

安德鲁：这太有趣了。

西摩：我很喜欢我那个半透明穹顶。它对我大有帮助。现在请你原谅我，因为我甚至建议你也这么做，但我想知道：探究和治疗你的母亲对你做过的那些事情，是不是解决问题的错误方法。

安德鲁：噢，我并不这么看，因为首先，我从没觉得那个创伤会消失。我从没设法忽略它。我已从自己的经历中知道，那个创伤已经存在，会伴随我一生。我需要的，不是被它毁掉，不是被它肢解，不是因它而自杀，不是让它无意识地影响我。

西摩：所以你太累了，以致不能把它客观化（objectify），不能用你能采用的任何方法摆脱它。

安德鲁：对，应当正视它、弄清它。

西摩：你做到了吗？

安德鲁：做到了。

西摩：啊，我真为你高兴。

安德鲁：还出现了一种情况：通过真正努力地了解她的生活，了解她的经历，我能正确地评价她了。我理解了她的种种处境，她在其中表现得很勇敢、很有想象力、很忠诚。这使我有了对她的爱，而我若一直固守我自己的经历，就永远不会爱她。

西摩：你对她说起过当年她对你做的那些事吗？

安德鲁：没有，她听了会受不了。她给自己编造了一份田园牧歌式的传记，与现实几乎毫不沾边。她如今渐渐患上了阿尔兹海默症，因此在心理上和精神上，她都无法面对任何与她那个史诗般的奇妙幻想不同的事情。

西摩：这太令人悲伤了。可是，她当年对你做了那些事，你怎么能爱她呢？

安德鲁：我发现我能，但不知道为什么能。

西摩：你对她的爱有哪些表现？

安德鲁：关心她，为她祈祷，她开心时我也深感快乐；真正地为她的环境担心，尽一切努力改善她的环境，让她更容易忍受环境。

西摩：我想问你一个重要的问题。你真相信你对我说的话吗？你的行动是否可能只是出于责任感，而不是出于真正的爱和原谅？

安德鲁：我踏上原谅之旅，并非出于责任。我知道，我必须达到一个心智健全、觉悟和精神发展的新层次。它是我为自己做出的选择。我读过的关于原谅的读物全都影响了我，因为关于原谅的教导来自人类灵魂的最高处。原谅是一切启蒙理论的王冠钻石。它不只是上帝或耶稣，也是我对自己生活中一些人的感悟，他们通过原谅获得了巨大的自由，他们都有过很可怕的经历，但都设法通过原谅对他们做了那些可怕之事的人，清洁了自己的内心。

西摩，我想你和我都会同意：当年犹太人在集中营的遭遇，是人类历史上最重大的罪行，是无法想象的恶和残忍行为的一个例证。但我必须告诉你：我当年曾有幸见过那些集中营的一些幸存者，他们真正地原谅了那些逮捕他们的人，通过英勇地选择原谅，大大摆脱了痛苦。我还认识一些人，他们当年在印度跟英国人作战，但都真正地接受了甘地的内心分离（inner separation）的思想，就是把罪恶与罪犯分开，以此解放了自己。因此，我生活中的很多例子都说明，人们通过有意识地踏上通往原谅之旅，获得了精神的大解放。

西摩：我的问题是：无论你是否经历过极端的痛苦，心灵的伟大都存在，难道不是吗？

安德鲁：当然，它能够存在。

西摩：那么，吃苦还有什么意义呢？

安德鲁：正是通过极端痛苦的考验，我们才找到了真正的自我，实现了真正的自我。这种情况在我们生活中很常见。

西摩：但是，恶（evil）又起了什么作用呢？我父亲和你母亲对我们做过的事就是恶，而我要说：你母亲和我父亲永远都不会改变。他们都是大脑损伤的受害者。因此，他们都缺少基本良知，哪怕偶尔也会暂时良心发现。但我们若和他们一起再生活一遍，他们还是会对我们做出同样的事情。他们心中仍然有恶。

安德鲁：我能从另一个角度向你提个问题吗：你认为你从你父亲那里继承了哪些品质？

西摩：什么都没继承。

安德鲁：你身上根本没有你父亲。

西摩：绝对没有。

安德鲁：真的？

西摩：我具备我母亲的所有品质。我没从我父亲那里继承男子汉的那些品质。我必须对你说实话。我当年跟一个陌生人住在一个家里。我身上没有我父亲的任何迹象。我从很小的时候起就非常怕他。

安德鲁：因此，你不承认自己具有来自你父亲的任何品质。

西摩：丝毫没有。绝对没有。我的母亲和姐姐都很爱他，所以他一定具备某些还算善良的品质，但他从来没有对我表现过善意。你知道，他从我很小的时候起就不赞成我。

安德鲁：这很有意思，因为相比之下，我继承了我母亲的很多品质，而这就是我这么愿意彻底原谅她的理由之一。

西摩：真的？

安德鲁：我继承了她的激情，我继承了她的欢乐精神，我继承了她的语言才能，我继承了她的直觉，我继承了她的戏剧感，我也继承了她的相貌。所以，我有很多地方都像我母亲，而我努力使自己能真心地原谅她，其理由之一就是：我为了从她那里继承的品质而深深感激她。我很感激只有从我母亲那里才能继承到的那些才能，而她就是唯一给我造成最大伤害和痛苦的人。

奇怪，我从母亲那里继承的品质，比从我父亲那里继承得多。我爱我父亲，在很多方面，他都是一个善良的、有同情心的人，很有尊严，尽管我当年当然不得不面对他对我的被动伤害，因为他保护不了我，不能使我免受我母亲野性情感的伤害。因此，西摩，我渐渐懂得了一点：在我的人生中，我不但继承了我母亲给我造成的重大伤害和痛苦，而且继承了她的才能，我发展了它们、转变了它们、改造了它们。

西摩：啊，亲爱的安德鲁，若是那样，整个情况就大不一样了。

安德鲁：其中有一个重要差别，因为你若真的感到你没有继承你父亲的任何品质，感到他什么都没给你，那么，这种悲伤便达到了极点，以至使我明白了你为什么认为他不可原谅。

西摩：你给我讲了你的母亲，现在我对你的同情增加了三倍。这是因为我知道：她具备那么多极好的品质，把它们传给了你；她还想用她行为的某些消极方面毒化那些品质，把它们从你身上统统夺走。就给予和接受而言，这是最坏的局面。所以我深深地同情你。你不必同情我，因为我父亲从没夺走我什么，他从不给予我什么。我跟他毫无瓜葛。他在我家里就像个陌生人。

安德鲁：你父亲的残暴和疯狂，难道没使你很难爱你自己吗？你真的不得不非常努力地理解你自己、爱你自己吗？

西摩：他想抹去我身上一切自然的、美好的东西。

安德鲁：你觉得从你父亲那里抢救不回任何东西了吗？

西摩：你知道"乌有"（zero）的感觉吗？

安德鲁：知道。

西摩：嗯，设想一个女人住在你的屋子里，对你说她是你母亲。但她完全是个陌生人。你会有什么感觉？

安德鲁：我会不知所措。

西摩：我当年和我父亲就是如此。他只是在我周围走动的一个男人。我跟他毫无接触、毫无交流。

安德鲁：听我说，西摩，我有个问题。既然你父亲是你生活中一个负面的男性形象，你又是怎样形成你的男子气概的呢？

西摩：我很幸运。我不到12岁时，我的三个姐夫就进入了我的生活。我有三个姐姐。

安德鲁：所以她们都结婚了，给家庭带来了三个男人，他们都是你的亲戚，都爱你。你看到他们都很慷慨，都心胸开阔，都事业有成。他们还让你知道了什么是男子汉。

西摩：对，他们和我姐姐结婚前很久就这么做了。我6岁时，我大姐的男友弗兰克就进入了我的生活，不久，另外两个姐夫也进入了我的生活。他们追求我的三个姐姐；每次去餐馆吃饭、野餐、看电影，他们都带着我。我12岁时，我的三个姐夫成了我生活中两个重要角色的象征：代理父亲和兄长。他们给我买了各种富于创造性的礼物，那些礼物使我表现出了对创造的爱好。我真不知道怎样向你描述我一向多么感激他们。

安德鲁：你用爱回报他们了吗？

西摩：哦，回报了，亲爱的，无条件地回报了。我当年就像他们的吉祥物。我18岁第一次开了音乐会，在新泽西州纽华克市一个令人难忘的会堂。我的三个姐夫负责售票和发节目单。他们都很为我骄傲。我很感激他们。

安德鲁：你也见到了真正的男子汉，满怀爱心地支持你的男子汉。

西摩：啊，那是我平生第一次见到男子汉。当然，我得救了。

安德鲁：看看你家族的整个历史，你的家族中有音乐家吗？有艺术家吗？你家几代人当中，有你认为跟你很亲近的人吗？

西摩：有一个堂兄，名叫斯坦利·叶斯凯尔（Stanley Yeskel）。他是我姑妈的儿子，所以他是我的近亲。他是爵士钢琴演奏家，跟当时一些最大的乐队巡回演出。他常到家里来听我弹钢琴。他父亲是我姑父，名叫威利（Willie），有一个纺织品公司，还有几百万美元。威利姑父不愿他儿子斯坦利继续弹钢琴，强迫儿子在那个纺织品公司工作。因此，斯坦利便不再弹钢琴，此后过得很惨。

一个星期天，威利姑父和他的妻子梯莉姑妈（Aunt Tillie）到我家来了，当时我家住在新泽西州的纽华克市。我们全都坐在起居室里。我那年 15 岁。威利姑父开始了交谈："萨内（Sonny）（那是我的小名），你的钢琴弹得怎么样啦？"

"我用很多时间练琴，威利姑父。"

"萨内，你干吗不放弃这个蠢梦？肖邦不该被埋葬在音乐里。你知道，你弄音乐可挣不来一分钱。你爸爸有个挺好的公司。进公司工作，跟你爸爸一起工作吧。你的日子会过得很不错，你会找到个漂亮的犹太姑娘，你会结婚，会有个很不错的家。你知道，你要是穷就不会有任何朋友。谁都不想跟你做朋友。"

我父亲的脸都白了。威利姑父终于结束了对我和我前途的刻薄唠叨。我平静地问："威利姑父，你说完了吗？"

"说完啦。你想说什么就说吧！"

我记得，我当时目光锐利地盯着他说："威利姑父，我认识的人里数你最穷。你感觉不到美，你从来不进博物馆，你听的唯一一场音乐会就是我那场音乐会，而那还是因为你妻子怕丢人、把你拽去的。"

我想我父亲的心脏病快要发作了。

安德鲁：你心里有某种强大的、充满激情的东西，它转向了艺术。

西摩：说得太对了，安德鲁。我父亲或任何人越是反对我，我的决心就越是坚定。我父亲越是打着我说："你要做个男人"，我心里就越是反对他，认为他永远不能把我打成他希望的那种儿子。如今，他希望的那种儿子在哪儿？你知道，常挨打的孩子往往会畏缩。他们被打怕了，活不下来。我不知道是什么帮我活下来的。我说不出原因。我有个预感：我出生时，我的"精神之库"[9]就是满满的。它一直都在提醒我必须完成我的人生使命。我始终都知道：我将通过音乐完成这个使命。

注释：

[1] 拉比（rabbi）：对犹太教经师的称呼。

[2] Bar Mitzvah：这是"犹太男孩成人礼"的写法。"犹太女孩成人礼"的写法是 Bat Mitzvah。

[3] 原文是 Boinstein, vhat's de matter mit you, Boinstein。这是模仿科恩拉比的口音，其意为"伯恩斯坦，你怎么啦，伯恩斯坦"。

[4] 纽华克（Newark）：美国加利福尼亚州西部城市。

[5] 安德鲁的外祖母是钢琴演奏家，见本书第二部分 1"音乐的魔力"。

[6] 高功能（high-functioning）一说，出自英国广播公司（BBC）2010年电视连续剧《神探夏洛克》（*Sherlock*）中福尔摩斯的台词："我不是精神病。我是高功能反社会人格"（I'm not a psychopath, I'm only a high-functio-

ning sociopath)。

［7］半透明的水晶穹顶（crystal translucent dome）：对音乐领域的比喻。

［8］升华（sublimation）：弗洛伊德心理分析学术语，指被压抑的性冲动（libido）舍弃性的目的，转向能为社会接受的目标，将本能的能量投射到替代的目标或对象（如文学、艺术）上，使之转化为与性欲无关的欲望或思想。它是一种健康的心理防御机制。

［9］精神之库：参见本书第一部分"开始交谈"中西摩的话。

6. 神圣的和不那么神圣的女性

安德鲁：当年面对你父亲使你成为"男人"的种种努力，你竟能保持你的敏感，保持你的艺术欲望，我看这简直是个奇迹。你人生的转折点，想必出现在你母亲挺身站在你父亲面前的那一刻：她接管了你，始终支持你当音乐家、做独立的人、当艺术家的心愿。给我讲讲你的母亲吧。

西摩：她的闺名是内莉·哈伯曼（Nellie Haberman）。她出生在波兰华沙，3岁时来到了美国。没有我母亲，我真的不会认为我会成为如今的我。她是我一生的生命线。当年我家一直都是父权制，直到我完成了成人礼，直到我母亲站出来反对我父亲，对他说："够了，麦克斯，那已经够了。"我父亲说出了那句话："好吧，内莉。"那一刻，我父亲对我的主宰结束了。母亲接管了我、保护了我。至于我，我在大部分时间里都扮演着父亲的听话儿子的角色，以免在他活着的时候跟他发生冲突。我母亲知道我想当音乐家，就想尽一切办法帮助我。

安德鲁：你一向都很爱她吧？

西摩：我深深地爱着她，即使她打我屁股的时候，我也爱她。她是了不起的厨子和面包师。她的专长是黄油点心，还有犹太果仁酥卷（rugelach），都是用酵母发面做的。那些吃的很快就会被吃光，但我母亲总是能把六块吃的藏到一个秘密的地方，留给她的"zeenala"（"小儿子"）。你知道，我有三个姐姐。姐姐们都知道妈妈藏了吃的，却从没埋怨过。她们接受了一个事实：我是母亲最疼爱的孩子。

我常问母亲："你最疼我吗？"

"不，不对，"她反驳说，"我爱我所有的孩子，都一样地爱！"但事实上，我是她唯一的儿子，也是唯一有幸具备了才能的儿子。她最爱我。

安德鲁：给我多讲讲你的母亲吧。

西摩：嗯，她没有受过正规的教育，但她像哲学家一样有智慧。她能给他人无条件的爱。她若爱某个人，便会想尽办法保护他们。她保护我，哪怕牺牲她自己的舒适或愿望。后来，父亲去世了，我住在纽约市，在新泽西州米尔本郊区（Millburn）我母亲的公寓里教学生，每周两次跟她在一起。她为我做午餐和晚餐。我的学生一进公寓便会闻到厨房传来的香味。我母亲让他们进了厨房，从炉子上热气腾腾的锅里给他们舀一勺肉汤。我的学生们爱她，她也爱我的学生们。

冬天来了，在我教课的日子，新泽西往往会有大风雪。电话铃响

最前：姐姐西尔薇娅
前排（从左到右）：姐姐伊夫琳，父亲，母亲，姐姐丽莲
后排（从左到右）：索尔·阿尔姆（姐夫），19岁的西摩，弗兰克·罗佐维克（姐夫）

西摩的母亲，摄于缅因州

了：(我母亲对我说)"你别来啦!"虽说我母亲一直都盼着每周见我两次。

"妈,我正去你那儿。"

"你想让我生病吗?"她回答说,"你别来了,就这么定了!"

"好吧,妈,我不去啦!"

她有我所有学生的电话号码,能给他们打电话。我的学生们给我详细地讲了我母亲是怎样取消了上课的。他们的电话铃一响,他们就拿起听筒说:"喂,"接着他们只听到了一个词:"取消!"我母亲只说了这一个词就挂了电话。

她也很好笑。我特别记住了一件事。她75岁生日时,我陪他去了以色列。我们动身那天,以色列航空公司的客机上一共有400位乘客。飞往以色列的途中,我母亲环顾了一下乘客满满的客舱。她突然说话时,我通常都会保持安静。"上帝啊,我从来都没见过一架飞机上有这么多犹太人。"听到我母亲的这句话,所有的乘客都几乎歇斯底里。我很爱她。她92岁去世时(我当时62岁),我真想跟她一起死。她弥留时,我和她在临终关怀中心同住了十天。护理员在她床边架了一个帆布床。我只在买饭时才离开房间。第十天,护士把听诊器放在我母亲的胸口上,一言未发,便把我母亲的手放在了我的手里。"她去了,"护士告诉我。我母亲离开这个世界时,我拉着她的手。

我无法相信我对她去世的悲痛有多么深。即使在几年以后,只要说到"母亲"这个词,我的胸口还是会有压迫感。我举一个例子,说明我的悲伤有多么持久。我母亲去世12年以后,我和一位小提琴家朋友去一家餐馆吃饭。我要了一份羊腿骨。侍者把它放在我面前，我对那位朋友说了一句："这是我母亲最拿手的一道菜"，便控制不住自己，抽噎起来。连我自己都对此感到惊讶。

安德鲁：你说没有你母亲就不会有你，这句话究竟是什么意思？你继承了她的哪些品质？她给了你什么、使你能按照你的方式生活？你和她的做事方式有什么相似之处呢？

西摩：我要说的不只是她给了我什么。我也知道我给了她什么。我们互相关爱。我常去看望她，以使她保持良好状态，她也尽量使我保持良好状态。我搬到新泽西州的纽约市时，她知道我需要钱。我新到那个城市，学生的学费不够交房租。我母亲每周都在两个大购物袋里装满她能想到的各种食品，乘公共汽车，在纽约市的港务局巴士总站（Port Authority Bus Terminal）下车，再乘计程车到我的公寓。她要回去时，常把一张20美元的钞票塞进我手中。在那些日子里，靠20美元能过很长一段时间。

她非常为我感到骄傲。她生前没能看到这部纪录片，这真是太遗憾了。每次我带着她去演出，人们都会围着她，问她一些关于我的问题，例如："他在家里什么样？""他用大量时间练琴吗？""他是不是拼命地签约？"我母亲对最后那个问题的回答总是一样："他们把他扔出前门，他就从后门进去。"那是她最喜欢说的话，也是我的。其实，她有一肚子的短语，其中一些是意第绪语。母亲经常突然对我和我姐姐们说出它们。若是意第绪语短语，我们就会根据当时的情势猜测它们的意思。例如，若有人想问："这有什么新鲜的？"母亲便会说："*A bletel zum opsis*"。我50岁时终于问了母亲："那些词儿到底是什么意思？例如，*bletel* 是什么意思？"她告诉我的话让我很开心。在昔日的乡村，鞋显然完全是用皮革做的。那时没有橡胶鞋跟，也没有橡胶鞋底。因此，"*A bletel zum opsis*"这句话的字面翻译就是"所以你的鞋跟是皮子做的"。换句话说，就是"这有什么新鲜的？"

我前面说过，我母亲是天生的哲学家。我搬到缅因州的家里，跟一位朋友合住，以分摊租金。我常对母亲说起我和那位朋友之间发生的问题，都是些小事，例如我把奶油干酪放在了冰箱的第三格上，而没放在以前放它的第二格上。我母亲听了这个故事，回答道："儿啊，世上根本没有能住下两个人的房子。"还有一次，我们遇见了一对夫妇，女的是个泼妇，大嗓门儿，咄咄逼人，她丈夫是个温顺、内向的人。我问母亲："那个男的怎么能跟那样的女人一起生活呢？"我母亲做出了完美的解释："儿啊，你不知道每把壶都能找到合适的壶盖儿吗？"她有一肚子像这样的金子般的至理名言。

安德鲁：你是说，当年你母亲深深地肯定了你。无论你遇到什么事情，无论你吃了什么苦，你都知道有一个人绝对地接受你、关爱你。你那时可真有福气。我家里没有一个人理解或支持过我的工作和生活。这让我很痛苦，一直到我50岁生日，我决定承认这个事实，承认它把一些不可避免的限制强加给了我的发展，并且常常强加给了我对生活的信任。

西摩：啊，安德鲁，我真为你吃过的苦伤心。对，就我而言，你说对了：我那时很有福气。我母亲绝对爱我，无条件地爱我。

安德鲁：你从你母亲那里得到的无条件的爱，使你有了深深的自信，使你能面对自己遇到的任何事情。你母亲给你的，是母亲能给儿子的最重要的才能。

西摩：她就是这样，就是这样。我给她的回报是：做个我所知道的最好的儿子。我母亲生命快到尽头时，得了视网膜黄斑退化症（macular degeneration）。她其实已经失明，放弃了她在新泽西的房子，搬到了佛罗里达州我大姐家。但那后来却成了一场噩梦。我大姐其实对她很苛刻。据我母亲讲，我大姐经常把她一个人留在家里。有一次，姐姐叫我母亲到厨房吃午饭。我母亲想吃某个菜，我姐姐对她大喊大叫，说给她做什么她就该吃什么。我们都不相信这种故事。但是，我姐姐当时显然认为照顾我们的母亲很有压力。对此，我母亲又突然说出了一句至理名言："儿啊，一位母亲能照顾12个儿女，可12个儿女却照顾不了一位母亲。"

她把她在佛罗里达的可悲境遇告诉给我时，我住在缅因州。我那时正在写一本书，名叫《键盘指法20课》（*Twenty Lessons in Keyboard Choreography*）。写那本书占了我一生中的十年时间。我停下写作，飞到了佛罗里达，从我大姐那里救出了我的母亲。我们一同飞往缅因州的波特兰市。我停下车，把我母亲拉进了这所屋子。我搬来了她以前卧房的全部家具。她和她的床、和她以前卧房里的所有老家什再度汇合了，这使她激动得发抖。我做了她喜欢吃的东西。我以为，那么做能使我克服写那本书的创作障碍。但我大错特错了。我母亲坐在我工作室的一张有软垫的椅子上，身上盖着毯子。我坐在钢琴旁边写那本书。我有时悲叹："我真不知道该怎么写了！"安静地坐了几个小时的母亲回答说："儿啊，别急。你一定有办法写下去。"她坐在那里，鼓励我接着写，从不要我给她拿这拿那，完全沉浸在她那个富于创造力的儿子给她带来的自豪里。

安德鲁，此时此刻，我必须给你讲讲我那个创造性世界的一些东西。你知道，我有一种作曲和创造的强烈冲动。这个主要原因使我当年停止了我的演出生涯。创造过程本身成了最让我痛苦的事，而创造的成果成了最让我快乐的事，这真奇怪。我忍受创作的过程，似乎就是为了获得做成某件事情的奖励。创造才能其实是自动运作的，换句话说，它有自己的生命。所以，我若开始了作曲或写书的创作计划，它们便会命令我完成它们。我不听命令就会吃苦、就会内疚。因此，无论我是否愿意，我都必须完成我的创作计划。

一个月以后，我带我母亲回到了佛罗里达，在那里找了一所很好的老年之家，她在其中度过了余生。她的医生建议她做白内障手术，因为她一只眼睛的白内障使她几乎看不见光亮。注意，我母亲的另一只眼睛的视力完好。

安德鲁：你母亲去世时，你有什么感觉？

西摩：我想和她一起死。没有了她，我受不了。但我很坚强，知道自己必须活下去。我忘了告诉你一件最有意思的事情,跟我父亲的死有关。我父亲刚一去世,我就对我认识的一些人进行了清洗。我结束了一个又一个所谓的"友情"。

安德鲁:你从你的生活里清除了所有的不良关系,以此庆祝你父亲的去世。

西摩:是这样,你说得完全对。

安德鲁:跟我讲讲,在你想跟你母亲一起死之后,你是怎么回到你生活里的。

西摩:我的音乐就是我的救星,不但在那个时候,而且在我的一生当中。

安德鲁:你的母亲不也是你的救星吗?

西摩:在某种意义上,她的确是我的救星。我母亲也像音乐一样,在我的生活里发挥了重要的作用。

安德鲁:她非常想让你成为音乐家,祝愿你成为音乐家,这不让你高兴吗?

西摩：她认为，她的儿子和音乐是同义词。

安德鲁：她不但把你和音乐当成了同义词，她其实也很勇敢，很有智慧，能在关键时刻保护你，就像你生动地描述过的那样，使你能把自己与音乐结为一体，使你能练琴，使你能为自己做了一个不平凡的选择而感到幸福，因为你是新泽西州一个犹太旧货商的儿子，却在这个社会背景上选择了音乐。

西摩：绝对是这样。

安德鲁：因此可以说：你的母亲爱你，甚至爱你的音乐才能，这很自然；但她不仅如此，她还保护了你，让你能做出这个不平凡的选择。其他旧货商的儿子，有多少选择古典音乐作为职业的？你的母亲有巨大的精神想象力，心中怀着伟大的想象，难道不是吗？

西摩：啊，真不知道何以是这样。世上有些母亲很爱孩子，但很怕卷入某些事情，那种事情会减少子女与母亲的牵连。我的母亲恰恰相反。某件事情若意味着我有更多时间练琴，她会牺牲自己的安康。我给你讲一件事，说明我母亲如何保护了我。那时，我和母亲住在一座两层半的楼房里。钢琴在起居室里，起居室旁有一个小房间。还有一间饭厅、一个厨房、两个卧室。我的姐姐都住在附近，每天来看我母亲。她们聚在那个小房间里。我高中毕业后，整天在家练琴、教琴。我不肯上大学，而只想补上一些被忽视的学科，扩展自己的知识。我毕竟只想当钢琴家。问题是，我练琴时始终都能听见姐姐们和我母亲说话。四个女人聚在一起说话的声音有多响，你是知道的。我对自己的演奏非常认真。练琴时不分心，对我来说是再重要不过了。

终于有一天，我不得不走进那个小房间，对她们说我无法集中精力。让我大大地松了一口气的是，我母亲把三个姐姐带进了厨房，关上了起居室的房门。从那天起，只要我在练琴，任何人都不许进入起居室和那个小房间。你知道，我的姐姐们深深地爱我，也敬畏我的才能。所以我母亲采取措施保护我时，她们从不抱怨。

安德鲁：其他人有没有像你母亲那样保护过你、爱过你？

西摩：都不及她那个程度。

安德鲁：她对上帝的信仰如何？举个例子吧。

西摩：我从没问过她。但她是在犹太教徒家中长大的，保持了我们家族的犹太教传统，而这意味着她只从犹太教肉商那里买肉，从不把牛奶和肉混在一起。例如，我们不可以用黄油做烤土豆加肉。对，可以用鸡油，但不可以用黄油。她没有任何宗教思想，但她参加犹太人赎罪日的追悼式（Yizkor）。我父亲在世时，她每年都和我父亲一起参加这些仪式。

我父亲去世时，做教堂成员已有12年了。他生前是一个宗教伪君子，因为他只在犹太人赎罪日才去教堂，并且全天斋戒。他去世后，我们没有延续他的教堂成员资格。这是因为，除了我父亲，家里人全都从不去教堂。但父亲去世后，每逢犹太人赎罪日，我的母亲都要我带她去教堂参加追悼式。在教堂门口，我们见到一大排桌子，桌旁坐着大约八个人。还有一个值班警察。我走到见到的第一个人前面，对他说："我父亲有12年都是教堂成员，他去世后我们没有延续他的资格。我母亲想为他做追悼式。我们能进去吗？"

"你们没票，不能进去！"那人说。

我怒上心头，问道："你们不让我母亲进教堂吗？"

"你们没票，不能进去！"那人重复说。

这时，我抬起桌子，把它掀翻在了教堂门口。那个警察过来制止我。人们涌出教堂，想知道这场骚乱是怎么回事。那样地失去镇静，这完全不像我。但你知道，那是我多年郁积的愤怒使然，因为我父亲强迫我去那所希伯来人学校上学。在希伯来人学校上六年学，其结果是什么？他们不让我母亲为我父亲祈祷。我为此发火了。

一个男人朝我母亲跑了过去。他有一家超市，我母亲在那里购物。他轻声地说："伯恩斯坦太太，算啦，你坐我的座位吧。我正要出来待一会儿。"

他们让我母亲进去了。几个人重新摆好了桌子。我在教堂外面等我母亲，仔细琢磨我为什么没有被捕。

安德鲁：听你讲了你和母亲的关系，我明白了：她就是你那些奥秘的源泉，从那个源泉流出了你的全部川流。

西摩：不仅如此，我生病的二姐（我现在帮助她）也一向都认为我母亲活在了我身上。她认为，没有我，我的母亲可能早就去世了。

安德鲁：你母亲活着就是为了你。

西摩：对，也许如此。我姐姐坚信，我母亲活在我身上，为我活着。

安德鲁：所以从某种意义上说，你就是化为男性的你母亲，同样，她也是——

西摩：化为女性的我。对，有可能如此。

安德鲁：你怎么看待女性的美？你那么愉快地谈到了女性的厨艺，谈到了女性营造美丽之家的能力，谈到了女性可爱的善良，谈到了女性的宽容。我说"你身上的女性"时，你的眼睛在发亮。你的母亲使你联想到了女性的哪些品质？你为什么如此热爱那些品质呢？

西摩：温柔（gentleness），这是一种超越肉体之爱的深刻能力。

安德鲁：你认为女性这些方面的能力大大超过了男性吗？

西摩：女人往往出于某些正确的理由才去爱。她们为内在人格所吸引,而并不仅仅为外表所吸引。我承认,我总是觉得女人比男人优越。

安德鲁:为什么?

西摩:我观察过女人演奏乐器的优越方式,观察过她们的书写方式。我们都知道,女人在好几个世纪当中都是被压制者,而她们的能力、她们的成绩本应当超过男人。

安德鲁:你是否认为,这就是男人压制女人的一个原因,因为男人深深地嫉妒女人的能力和女人的美?

西摩:有可能是这样。我思考过这个问题。

安德鲁:人们谈论"阳具妒"(penis envy),但我总是认为男人更像是在谈论"子宫妒"(womb envy)。男人嫉妒女人的生育能力,嫉妒女人产生多重高潮(multiple orgasms)的能力——那是女人身体的一种令人惊骇的能力,男人对它非常嫉妒。在父权制衰落和女人解放的背后,存在着一种可怕的秘密恐惧,那就是害怕女人真的比男人更有力量、更有创造性。

西摩:完全可能。你觉得女人真是如此吗?

安德鲁：是。

西摩：我从来都没见过赞成我这个看法的人，从没见过。你是第一个。

安德鲁：我认为，我们这个时代最令人惊异的事情之一就是：在世的最伟大的教师当中，有许多是女人；最有能力的作家，真正开拓了新领域的作家当中，有许多是女人；最伟大、最具超凡魅力的歌唱家当中，也有许多是女人；如今，最有力量、最具变革能力的政治家当中，女人也越来越多了。我想，生活在一个神圣女性复归的时代，这是一种巨大的荣幸。

西摩：是啊，看看希拉里·克林顿（Hillary Clinton）吧。

安德鲁：对！

西摩：她也许会成为美国第一位女性总统。

安德鲁：这给了我希望，因为我想我最推崇女人的一种能力，那就是她们必须把巨大的智力和实用性，与对人们无比深切的关怀结合起来。我们若能有一个推崇女人的这种力量、并把它置于核心的世界，那么，我们解决正面临的种种可怕难题的机会，便会大大增多。

西摩：安德鲁，我现在要给你讲我生活中的一个故事，它从一个颇为不同的角度说明了女人会有怎样的影响力。你不会相信这个故事。

安德鲁：这听起来有种不祥之感。

西摩：等我讲给你听吧。我19岁时，我的几个亲戚告诉我父母说，他们认识一个跟音乐界关系密切的人，此人认为我留在新泽西州的纽华克是浪费时间，我该去纽约市上音乐学院。因此，我父母就去见了那个人，把他的想法告诉给了我，我同意那个想法。此人安排我到曼内斯音乐学院[1]试奏，并且真的陪我去了。当时，大卫和克拉拉·曼内斯[2]及其儿子列奥波德[3]都还在世。他们办了那所学院。学院在东70街，后来搬进了一座更大的楼房。我为他们试奏。我弹完之后，列奥波德说："我们想给你奖学金，把你送到美国最有名的钢琴教师伊莎贝尔·文格洛娃夫人[4]那里。但你必须给她试奏。"我深深地感谢了曼内斯一家，连忙告诉我母亲，我获得了全额奖学金。

我后来认识了那个学院的几个学生，他们都认为文格洛娃是个怪物。我认为，他们要么就是愚蠢，要么就是没有才能，而文格洛娃夫人正是为此才对他们急躁。我当时想，她一定会喜欢我。

一周之后，我去了文格洛娃夫人在西90街的琴房，为她试奏。她的琴房里并排放着两台斯坦威钢琴。她坐在一台钢琴旁，我坐在另一台钢琴旁。

"曼内斯先生对你评价很高，"她说，"请给我弹吧。"

怪物？恰恰相反。她能像任何人一样和蔼。我给她弹了肖邦的一首《夜曲》。

"嗯，你的手腕很放松，"她说，"为了让我的学生们放松手腕，我遇到了那么多麻烦！你在哪儿学会弹得这么美的？"

我说："在新泽西州的纽华克。"

"真的？你有几个兄弟姐妹？"

我暗想，她很像我外祖母。我崇拜她。接着，她要我弹点儿别的，我照办了。也许出于我19岁时的鲁莽，我问她可曾师从莱谢蒂茨基（Leschetizky）。

"嗯，亲爱的，没有。我师从埃斯波娃[5]，她是莱谢蒂茨基的第二位妻子，"她说，"你怎么知道我和莱谢蒂茨基有关系？"

我告诉她："我在纽华克的老师是莱谢蒂茨基的学生。"

文格洛娃夫人的下一个学生已在敲门了。她对我说："请转告曼内斯一家我很愿意做你的老师。你9月来上课吧。"当时是7月，她指定了给我上第一课的日期和时间。

我上第一堂课的日子越来越近，我练琴自然比以前更努力了。我乘火车去了纽约，急不可待地想让我那位新老师给我上第一堂课。我按响了文格洛娃夫人公寓的门铃，她的一个仆人迎接了我，要我在前厅里等着。我在椅子上坐了大约5分钟，听见琴房里传出了模糊的声音。接着，房门猛地敞开了，一个高大的、有魅力的年轻女子冲出房间，脸上流着泪。她经过我身边，十分尴尬地瞥了我一眼，然后快步跑出了前门。

我还没弄清这是怎么回事，就听见琴房里传来了文格洛娃夫人的声音："嗯，请进！"那与其说是邀请，不如说是命令。她的声音很严厉，她那个学生又哭着跑了出去，因此，我便知道了夫人当时的情绪。至少，当时我本来还打算在她脸颊上亲一下。夫人伸出一只手，问道："你夏天过得好吗？""很好，谢谢你。"

她那种装出来的魅力下面，显然正酝酿着一场暴风雨。她马上开始上课了。"自从我上次看见你，你练了哪些曲子？"我提到了巴赫的《半音阶幻想曲与赋格》[6]和贝多芬的《皇帝》钢琴协奏曲[7]。我正想说出准备给她弹的另外五首作品的名字，她突然打断了我的话："嗯，给我弹巴赫吧。"

当时的我已经太熟悉各种程度的紧张症了，从轻度的焦虑到彻底的惊慌。但是，夫人内心的飓风，加上我刚刚目睹的那个情景，使我产生了前所未有的、最糟糕的焦虑。我开始弹奏巴赫，而我还清楚地记得，当时我的手指就像被一团水泥裹住了一样。我下了很大决心，才清楚地弹完了开始的段落。我舒了一口气，但夫人几乎马上就让我停了下来："现在弹贝多芬！"我还没弹完那部协奏曲的引子，她又让我停了下来："好了。现在我们开始上课。"说完，她用威胁的目光看着我，让我觉得自己的肩膀耸到了我耳朵那么高的地方。

"嗯，告诉我，你是怎么练琴的？"

从来没人问过我这个问题，因此我想了一会儿才回答说："我想这要看练什么曲子。"我认为这是个很好的回答。

夫人突然瞪了我一眼，用威胁的语气问道："嗯，你上过小学吗？"

我说："上过，文格洛娃夫人。"

"你毕业了吗?"

我感到自己脸色都白了。"毕业了,"我回答。

"你上过中学吗,毕业了吗?"

"毕业了,夫人。"

她突然说:"难道你的老师们从来都没有向你提过问题吗?你为什么不能聪明地回答我的问题呢?!"我的脸色变绿了,此后有六个星期都是那种脸色。她的确是个怪物。她拿走了我所有的曲目,只让我做手腕练习。如今想来,她最初喜欢我,就是因为我手腕灵活。既然如此,她为什么把这么多时间花在训练我手腕的演奏机能上呢?不仅如此,她还让我的手腕在手指和肘部之间起伏,而没有让我用上臂启动动作。

结果,我扭伤了我的手腕。"这是因为你拿的那个手提箱太沉了,"她想出了原因。

在另一堂课上,她拿起我的一只手,模仿一个动作。"嗯,你的手为什么这么凉?"她嘲笑道。我非常尴尬,不愿对她说实话,因为我手凉其实是因为她把我吓得要死。所以我说:"外面很冷,夫人。"

她从不错过虐待别人的机会,回答说:"可你在这个房间里的时间已经够长,也该暖和过来了嘛。"

我们上第六堂课时,夫人突然问道:"你为什么显得这么不快乐?"

我想,哼,你知道得很清楚。

我很小心地开始说:"夫人,我知道这些练习对我很有好处(我为我说谎而恨自己),但是我错过了练习曲目。我已经没有练习的愿

145

望了。"

我的话就像一根引爆了炸药的导火索。

她一字一句地尖声说:"你这个鲁莽的美国暴发户!你从不对我大声说话,可你的思想倒挺鲁莽!你竟敢告诉我该怎么教你?你干吗不去找(她接着说出了曼内斯音乐学院其他所有钢琴教师的名字)?!他们除了曲目,什么都给不了你!"

她的激烈言辞持续了好几分钟。后来她平静些了,说道:"你弹过巴赫的《降B大调帕蒂塔组曲》[8]吗?把它写下来(她总是让我把她说的话记录下来)。你弹过肖邦的第一号即兴曲吗?把它写下来。你要是没把每一个音符都记在脑子里,下星期就不敢再来上课。"

我走出她的房间时,知道自己再也不会回去了。我走进电梯时,想必显得像被吓坏了,因为开电梯的人看了我一眼说:"别着急,孩子,一切都会好的。"我到家后,给列奥波德·曼内斯打了电话,对他说我再也不去文格洛娃夫人那里上课了。

"你不能不上文格洛娃夫人的课,"他十分不安地说。

"那我就放弃我的奖学金,"我回答,"我不能跟一个认为我是个'鲁莽的美国暴发户'的人学琴。"

他想了想,说:"好吧,我可以破例。我让另一位老师教你吧。"我被指定给了赫尔曼·德·格拉布博士(Dr. Herman de Grab),他与文格洛娃夫人恰恰相反。列奥波德知道我有过那番经历,因此很不愿意批评我,怕我心烦。

我刚结束和列奥波德·曼内斯的谈话,艾琳·罗森伯格(Irene Rosenberg)就从纽约布鲁克林给我打来了电话。学院的教务主任把我的电话号码给了她。正如我所说，她知道了我在文格洛娃夫人那里上第一堂课的情况，便给我打电话，为她使文格洛娃夫人的情绪那么暴躁道歉。那堂课意味着文格洛娃夫人和我师生关系的结束，却开始了我和艾琳·罗森伯格之间最长久、最令人满意的一段友谊。她师从文格洛娃夫人六年，也承认夫人的每一堂课都给她造成了精神创伤。我只跟文格洛娃夫人学了六个星期就离开了，艾琳受此启发，后来终于决定也像我那么做，因此没能从曼内斯音乐学院毕业。一周以后，布鲁克林的罗森伯格家的门铃响了，文格洛娃的一个学生交给艾琳一个盒子。盒子里是个陶瓷做的天使，是艾琳送给文格洛娃的圣诞节礼物。

当时正值期末，学院筹办了一场协奏曲音乐会，选出了四名学生，我在其中，要我演奏巴赫的《F 小调协奏曲》[9]，列奥波德·曼内斯为我写了华彩乐段（cadenza）。我登台演奏时，看见文格洛娃夫人坐在舞台上方的特别包厢里。

我感到她正恶狠狠地盯着我。我没有惊慌，而是决定让她看看我真正的演奏水平。所以，我把那首协奏曲的第一乐章弹得气势非凡，把第二乐章弹得深刻而细腻，把最后一个乐章弹得灿烂辉煌。全曲弹罢，观众起立鼓掌。你必须原谅我，因为我告诉你我就是那晚的明星。文格洛娃夫人为报复我离开了她，你知道她第二天上午做了什么吗？

安德鲁：她做了什么？

西摩：你猜吧。

安德鲁：我猜不出，还是你告诉我吧。

西摩：好吧，我告诉你。第二天上午的演奏会以后，列奥波德·曼内斯给我打电话说，我必须尽快去他的办公室。自然，我赶到了纽约市。我进了他的办公室，他紧紧拥抱了我一下，哭了起来。

"曼内斯先生，"我很关心地问，"出了什么事？"

他告诉我，文格洛娃夫人那天上午给他打电话说："我再也无法继续容忍四处传播的闲话，说我不够好，连那个男孩儿都教不了。所以，要么你开除他，要么我辞职。"

"西摩，"他说话时眼里还有泪，"她若不当老师了，学院就彻底完了。她是这里的关键人物。我不得不开除你了。"

那一刻我哭了起来。我爱这个学院。我爱学院同学间的亲密关系。例如，作曲对位法（counterpoint）班只有六名学生。我一想到被学院开除，心都碎了。我回到了新泽西州纽华克的家，把这件事告诉了我母亲。

她问："你干了什么，他们把你开除了？"

"我在音乐会上弹得很好，"我告诉她。

我用了大约一年才摆脱了那番经历。后来我才明白其实是个胜利。我当时只是新泽西州纽华克的一个无名之辈，却威胁到了美国最重要的音乐教育家之一。好几个月以后，我从她身边经过，当时她在纽约市政厅，和她的几个学生站在一起。她用尖刻的目光看着我，似乎在竭力回想起我是谁。

"你好，文格洛娃夫人，"我说，"你不记得我了？我是西摩·伯恩斯坦。"

"我当然记得你，"她冷笑着说，"你就是那个受不了我的男孩儿。"

此后不久她就去世了，尽管遗憾地说，她的去世挽救了受她性格毒害的其他学生。

安德鲁：一个什么样的故事啊，西摩。这是个典型的例子，说明了一个富于创造力的女人如何变成了怪物。那样的女人会造成巨大的苦难；她们喜欢操纵人，心理素质又很出色，因此会造成大量的破坏，又很缺少良知。依我看，男性和女性都有灾难性的暗影。最佳状态下的男性高尚、慷慨、头脑清楚，充满了履行责任的能量。最坏状态下的男性则耽迷权力、残酷、苛刻、充满控制欲。女性具备很多正面品质，但由于受到了社会的、政治的和经济的压迫，她们便能表现出操纵别人和实施暴力的极大能力，便能公开地或隐晦地沉溺于权力。

西摩：她们和另一类女人之间的对比非常鲜明，乃至她们仿佛比品质不佳的男人恶劣得多。我观察过的钢琴教师当中，真正性情古怪的都是女人。也有少数颇为可怕的男人，但其可怕程度不及女人。

安德鲁：你认为女人的这种畸形是什么造成的？

西摩：她们受到了压制。她们从来没有机会从事重要的行业。

安德鲁：因此她们就对她们的学生发泄不满。西摩，对这部影片里提到的另一种重要关系，我也十分感兴趣。你和一位若隐若现、性格复杂的女子之间就是那种关系，她是你的赞助人。给我描述一下那种关系吧。

西摩：你是说布思夫人（Mrs. Boos）。真奇怪，我在这部纪录片里竟忘了说："布思"（Boos）这个名字总是让我感到不舒服，因为它听上去像"booze"（酗酒）。所以我称她为"公爵夫人"（Duchess）。当时，诗人帕特里夏·本顿（Patricia Benton）曾委托我为她的诗集写点儿音乐。她告诉我，女演员布兰奇·尤尔卡[10]要在纽约东九区72街一座大厦里朗诵那些诗。那座大厦属于米尔德里德·布思夫人（Mrs. Mildred Boos）。本顿问我是否可以在朗诵时弹奏我写的音乐，再弹几首独奏曲。我欣然接受了这个约定。就这样，布思夫人马上给了我两封邀请函，一封是交响音乐厅的，另一封是老大都会歌剧院的，她在这两个音乐厅都拥有头等的中央包厢。每次演出之后都有奢华的晚餐。这种情况持续了大约一年。一天，她给我讲了她在她大厦里主持的宗教仪式。

"你认识会弹管风琴的人吗？"她问。

"哦，我会弹一点儿管风琴。你想让我为你的那些仪式弹管风琴吗？"

事实就是如此。你在这部纪录片里看到了：我为她主持的仪式弹琴，结果成了她最喜欢的人。

安德鲁：对，后来她把她大厦的钥匙给了你。

西摩：对，她给了。我让我所有的学生在那里开演奏会，而我愿意时，也在那里试演我自己的演奏会。那座大厦有五层，34个房间。公爵夫人在斯卡斯代尔[11]也有房产，是一座无人住的都铎式大厦。我去欧洲初次演出回来后，她把那座大厦赠给了我，她是大厦的保护人。

安德鲁：你们的关系如何？

西摩：她不断地向我提要求。

安德鲁：要求越来越苛刻。

西摩：对，要求越来越苛刻。我每晚必须跟她一起吃晚餐。她有一个厨师，一个仆人。晚餐总是正式的，因此我总是必须穿西装上衣。她有两儿一女，一个儿子是收养的。我本来以为那三个孩子会讨厌我，但他们都很喜欢我，从没觉得我对他们是个威胁。公爵夫人送给我大量的礼物。我记得一个圣诞节，她为我举办了晚会，要我请我的八位朋友出席。圣诞树下大约有30件礼物。我不得不当着我的朋友们一一打开它们。我觉得很困窘、很羞耻，因为我得到了所有这些奢侈品，它们都像我一样不幸。一件事引出了另一件事：我为她弹奏管风琴，她却最大限度地伤害了我，竟雇了一个经理管理我。

你已在这部纪录片里听到剩下的故事了。我最终觉得自己像个被供养的人。因此，一天晚上我给我姐夫打了电话，让他开车把我接走。那座都铎大厦里的礼物，我一件都没带走。我回到了纽约市我那个只有一间半的工作室。那位可怜的公爵夫人精神崩溃了。我觉得很对不起她，但良心告诉我：我不能继续那样生活下去了。她给我写信，求我回去。我一封信都没回。最后，我收到了一个盖着漆印的信封。她说：废除她为我所做的一切合法安排，这对她来说很容易。那是她迫使我回去的最后一招。很显然，她打算赠予我一笔财产。我照旧没回那封信。

安德鲁：你后来又见过她吗？

西摩：我每年圣诞节都去看她。这完全是出于义务，是为了感谢她给我的所有帮助。大约五年以后，她犯了几次心脏病，去世了。

安德鲁：这么说，一方面，你把你的母亲当作了女性的非凡范例，她满怀关爱，始终支持你，使你成了如今的你；另一方面，你又讲了两个与之相反的故事，说明女性疯狂时会做出什么事来。

西摩：我很年轻时，还有一位可怕的怪物老师，几乎是个盲人。她每周免费给我上三节课，地点在新泽西的纽华克。

一天，我母亲坐下来，严肃地对我说："全纽华克都在议论你跟露易丝·库奇奥（Louise Curcio）的恋爱。"从我母亲那里听到这番话，我很震惊。

"你在说什么？"我反驳说，"我没跟她谈恋爱。"

母亲接着说："可人人都知道她爱上你了。"

露易丝·库奇奥打算利用我推广一种她称为"空间曲调"（the Dimensional Tone）的理论。那完全是胡扯，但我当时并不知道。她对我的要求越来越苛刻了。不久以后，我也跟她断绝了关系。

安德鲁：听了你这番话，我现在明白了：日子一长，你已跟我所说的"黑暗的女性"（dark feminine）建立了健康的关系；而她们一旦露出真正破坏性的一面，你便立即跟她们断绝关系。我和我母亲的关系一塌糊涂，令我苦恼，我又怀着纠正和改写它的潜意识激情，所以，我常常在私人生活中招来一些像她那样的、破坏性的缪斯式怪物[12]。我把她们理想化，崇拜她们，等我发现她们想用我母亲用过的方式毁掉我或我的工作，往往已为时太晚。即使经过了十年相当残酷的分析，我仍然发现：我因为奇缺识人的能力而受到了伤害，而这显然源自我童年时的精神创伤。但我慢慢变得聪明些了，我向你保证：我要向你学习如何适当地自卫，而若有必要，甚至不留情面地自卫。

西摩：你一定也有一些了不起的女性朋友吧？

安德鲁：对。我的精神生活中，的确有几位格外钟情、智慧、慷慨的女子。我深爱她们，她们也深爱我、尊敬我，保护我必须完成的使命。没有她们，我便不会像现在这样安享快乐，像现在这样富于创造力。她们是我人生的护卫者。卡罗琳·密斯[13]就是其中之一。她不仅是出色的教师，她毫不留情的直率也让我敬畏。她是一位热情、慷慨的朋友，是一位心灵上的姐妹，其来之不易的智慧启发了我、磨砺了我。在奥克帕克[14]，我家和她家之间只有五分钟的路程，每天我们都通电话或互访。然后就是葛罗丽亚·范德比尔特[15]了。

西摩：你认识她？太令人惊奇了。

安德鲁：我们迄今已是20多年的密友了。我认识她时，她儿子卡特（Carter）刚刚自杀。她是我心中的Koh-i-Noor，即天堂之鸟。始终让我惊奇的是，她既有强烈而平静的旺盛力量，又有最深刻、最明显的脆弱，两者非凡地结合于一身。

她比你还年长，亲爱的西摩。在她的艺术里，在她对家人和好友们细腻、仁厚的爱里，她一直都在奉献自己，而她的艺术变得越来越灿烂、越来越富于幻想性了。我一想到具有人形的神圣女性，便会想起葛罗丽亚。她90岁时依然惊人的美丽，充满热情，温柔，勇敢，坚毅，具有创造力，能给人无尽的鼓舞，富于同情心。爱她和被她爱，是我人生中最大的快乐之一，也是我获得的最大恩惠之一。我床头摆着她的照片，我很喜欢；照片上，她的畅然微笑非常奇妙，散发着对人生的爱。那张照片是我入睡前最后看见的东西，也是我睡醒后最先看见的东西。

西摩：安德鲁，这些由互惠形成的关系会深深地鼓舞人心。你说的每一件事情都表明了你具有爱别人的深厚能力。我相信，这种能力一定会使你所有的朋友和学生爱你。它当然也使我爱你。

注释：

［1］曼内斯音乐学院（Mannes Music School）：美国的私立音乐学院，1916年创办，位于纽约市内。

［2］大卫·曼内斯（David Mannes，1866—1959）：美国指挥家、小提琴家、音乐教育家，纽约交响乐团首席小提琴。克拉拉·曼内斯（Clara Mannes，1869—1948）：德裔美籍音乐家、指挥家，大卫·曼内斯之妻，其父为犹太裔德国作曲家、指挥家列奥波德·达姆罗什（Leopold Damrosch，1832—1885）。

［3］列奥波德·曼内斯（Leopold Mannes，1899—1964）：美国音乐家。20世纪30年代，他和美国小提琴家、化学家列奥波德·戈多夫斯基（Leopold Godowsky，1900—1983）共同发明了柯达彩色胶卷（Kodachrome）。

［4］伊莎贝尔·文格洛娃（Isabelle Vengerova，1877—1956）：俄裔美籍钢琴家、圣彼得堡音乐学院音乐教授；1933年后在曼内斯音乐学院兼任教授。

［5］安娜·埃斯波娃（Anna Yesipova，亦作 Esipova，1851—1914），俄

国钢琴家、圣彼得堡音乐学院钢琴教授。

[6]《半音阶幻想曲与赋格》(Chromatic Fantasy and Fugue)：巴赫的键盘乐作品（BWV 903），写于1720年，1730年定稿。

[7]《皇帝》钢琴协奏曲：即贝多芬的《降E大调第五钢琴协奏曲》(Piano Concerto No. 5 In E Flat Major)，作品73号，作于1808—1809年。

[8]《降B大调帕蒂塔组曲》(B-flat Partita)：巴赫的键盘乐作品，共7首，作于1726—1731年间。巴赫把第一至第六号合为《古钢琴练习曲集》第一卷（作品BWV 825—830）。

[9] 巴赫的《f小调协奏曲》：即《f小调第五号钢琴协奏曲》(Harpsichord Concerto in f minor)，作品BWV1056，作于1730—1733年，三个乐章分别为快板、广板和急板。

[10] 布兰奇·尤尔卡（Blanche Yurka，1887—1974）：美国舞台剧、电影女演员、导演，纽约大都会歌剧院歌剧演员。

[11] 斯卡斯代尔（Scarsdale）：美国纽约东南部城市，为纽约市郊居住区。

[12] 缪斯式怪物（muse-monsters）：此指性情古怪的才女。

[13] 卡罗琳·密斯（Caroline Myss，1952年生）：美国女作家、教师，其探索精神修养的作品《精神解剖》(Anatomy of the Spirit，1996)、《神圣的契合》(Sacred Contracts，2002) 等曾列入《纽约时报》畅销书榜。

[14] 奥克帕克（Oak Park）：美国密歇根州东南部的城市，底特律的主要城郊住宅区。

[15] 葛罗丽亚·范德比尔特（Gloria Vanderbilt，1924年生）：美国画家、女演员、时装设计家、社会名流，纽约工商业富豪范德比尔特家族（Vanderbilt family）的继承人。

第四部分
间奏曲

7. 创造性、孤独和爱己

安德鲁：我现在要谈谈我在你身上观察到的一些品质，它们也常见于精神探索者（spiritual seekers）。我希望讨论这些品质有助于我们的读者思考如何培养他们自己的类似品质。首先，在探究你面前的人方面，你的兴趣确实远比你对自我关注的兴趣更大。你有一种气质，能使你忘我地体察别人。在你面前，人人都会感觉到他们自己，感觉到他们被爱。

西摩：对。哪怕我现在正跟你说话，我也觉得自己并不存在。唯一存在的人是你。我完全被你笼罩了。

安德鲁：你给大师班上课时，也是如此。我多次看见你安静地坐着，还有一瞬间，我能看见你几乎完全消失了，变成了正在弹琴的那个年轻男人或女人。这使你具备了非凡的敏感，使你能觉察到他们是谁、他们需要什么。

西摩：对和我一起的每一个人，我都是这样。我变成了那个人。我想这感动了他们，因为他们知道我心里装着他们的福乐、他们的感情、他们的感受。

安德鲁：对。我认为这的确能使人们痴迷。我们的文化中，几乎没有人关注其他任何人。几乎没有人知道你眼睛的颜色，因为人们都关注自己。所以，面对一个真心听你说话、爱你、关注你的人，你会产生陶醉感。你在所有爱你的人眼中的魅力，其最重要的来源之一就是这种陶醉感。

西摩：你看到了我这一点，我非常感激。

安德鲁：我认为我有时也是如此。我有一种天然本领，那就是融入我面前的人。

西摩：我同意。最优秀的教师都具备这种本领。他们变成了他们的学生。他们吸纳了学生的方方面面，其目的只有一个——帮助学生。

安德鲁：我想他们还有更深刻的动机。我认为，最佳教师的行为都出于非常广阔的爱。爱要求放空自己，接纳别人。那才是爱。在伟大的朋友面前，甚至在心爱的动物面前，你都会因为爱慕而倾泻出你的全部，你的全部身心仿佛变作了一台无形的接受器，接收你所爱的对象。

西摩：我同意你这个说法。和人们在一起时，我能感受他们的痛苦。面对跟我一起的人，我觉得自己受到了祝福。我怀着强烈的同情心，只想帮助他们。

安德鲁：这让我们看到了你的另一种非常重要的品质。你沐浴在平静里。你受到了祝福。你不只是幸运，不只是享有某种特权，也不只是有幸有一位好母亲和几位了不起的老师。你有某种更重要的经历；你内心最深处的精神沐浴在宁和、平静和欢乐里。

西摩：我想这是真的。我为此非常感激。所以，我跟别人在一起时，便想帮他们也产生我这样的感情。

安德鲁：人们去见你，是因为你向他们散发了欢乐。这种使人康复的欢乐，从你身上自然地散发了出来。但与此同时，这种内心深处的欢乐也把你与其他人悄然分开了。那种欢乐来自你心中最神秘的部分，人们永远都不会知道那个部分，那欢乐的、隐秘的一面。

西摩：你是说，人们也许永远都不能靠自己感受到那个部分？

安德鲁：对。

西摩：这会使人们灰心吗？

安德鲁：我不这么看。人们只要还知道哪里能沐浴那种欢乐，便不会灰心。

西摩：你认为这种欢乐从何而来？

安德鲁：这种罕见欢乐的来源，就是我所说的神之美惠（divine grace）。但我们还是说说我们共有的另一种品质吧，那就是深爱孤独。爱孤独的人总有几分神秘，因为你知道，他们在孤独中体验到了一种深刻的关联，而哪怕他们和最亲密的朋友或爱人一起时，也许都不会体验到那种关联。

西摩：你指出的情况绝对真实。我虽然喜欢跟某些人相处，但还是更喜欢独处。我说不清我为什么喜欢孤独，但我的直接反应是：我独自一人时，就必须关注我的某些欲望和冲动，尤其是创作冲动，它使我必须创造出什么来。跟别人一起时，我不会产生那些欲望和冲动。我时常感到人们是一种干扰，会使我分心，使我顾及不到内心需要表达的某种东西。我必须跟我心中那个秘密的世界保持密切关系。它要求我的关注。我不能对它置之不理。

安德鲁：根据对你的观察，我认为有几个重要的理由使你喜欢孤独。第一个就是你格外敏感，你让这种非常广阔、丰富、深刻的敏感性一直活在你头脑中，活在你心中，活在你身体里。因此，不断接触受苦的、愤怒的、被压垮的人，就是你心中的能量对你的强烈要求。你越是敏感，就越难忍受经常被人们包围，因为那么多的痛苦、愤怒、混乱和神经症都来自他们，而你对那些事情又非常非常敏感。这就是你喜欢孤独的第一个理由。我说得对吗？

西摩：对。哦，我和危难中的人们一起时，就想帮助他们，这使我精疲力竭。

安德鲁：那是第二个理由。我观察到，你不具备对别的人、别的生命袖手旁观的能力。你的全部身心都本能地想要帮助别人，为别人服务，把你的一切给予别人，但时间一长，这便使你精疲力竭了。你为什么在你全部生活中学会了保护自己，使自己免受伤害，这就是理由之一，因为你无法抗拒、也不愿抗拒你内心的冲动，那就是付出你的一切能帮助别人的东西。

西摩：你正好让我想起了另一件事，此刻以前，我一直在无意地隐瞒它。我要对你讲讲那件事。啊，安德鲁，那个故事不太美好，可我还是要说一说。

安德鲁：什么事情？

西摩：我跟别人在一起的时间若是太久，他们就会暴露出某些令我厌恶的特性,这种情况太常见了。所以,我喜欢独处的部分理由就是:我想保护自己,使自己免于幻灭。

安德鲁:我认为这非常聪明。我想,我们全都需要独处的部分理由是:我们想联系不会使我们幻灭的东西。这就是我的看法。

西摩:完全正确。我独处时不会幻灭,因为我把自己调到了那个秘密世界的频道,它悄悄地给我讲一些事情。它讲的那些事情永远不会使我失望。它是我的创造性世界,是从我的"精神之库"涌出来的。

安德鲁:哦,这就是第三个理由。我认为,像你我这么深地投入艺术工作的人,谁都承担不起因为忽视一种需要而付出的代价,那就是需要孤独,需要与众隔离;因为只有在孤独中,才能感觉到内心最深处的创造冲动。

西摩:啊,当然是这样。我坐在钢琴旁边作曲,若有人在场,我就写不出来。我会关心那些人的需要,或者关心他们在想什么。他们最终会使我分心。

安德鲁:你给我讲过一个非常奇妙的故事,是说一个学生去上万达·兰多夫斯卡[1]的课。那个学生在等候室等待,因为据说兰多夫斯卡夫人正在花园里"跟巴赫沟通"(communing with Bach)。

西摩：对，那个故事非常奇妙，也完全真实。

安德鲁：我毫不怀疑。我喜欢与众隔离和孤独的理由之一，其实就是孤独能让我和鲁米[2]沟通。我能和莎士比亚沟通。我能和蒙田[3]和里尔克沟通。关于友谊，我们谈了很多，但我们何必把友谊仅仅局限于我们认识的活人呢？我们在书里和音乐里认识的那些人，就不能和我们沟通了吗？你来到了缅因州，来到了这个花园，你的确是在和巴赫沟通。你和莫扎特沟通。你和勃拉姆斯沟通。

西摩：啊，我当然是这样。舒伯特是我最好的朋友。我弹奏他的音乐时，他轻声地告诉给我一些秘密。

安德鲁：正因如此，为了彻底绽放那种友谊，你才热爱孤独。

西摩：当然。你跟我有许多共同点。

安德鲁：对没有这种经验的人，很难描述与你热爱的人全心独处是什么感觉，那些人对你像生命一样重要，但已不再活在世上。

西摩：对，人们有时会以为你疯了，或者讨厌那种神秘的"对话"，因为它意味着拒绝了他们。

安德鲁：所以，我对鲁米的热爱使某些人心烦，是因为他们比不上鲁米吗？但他们为什么想比过鲁米呢？谁能比得上鲁米？

西摩：嗯，那是他们的自我（ego）。他们在想：这么说，你宁愿跟一个死人相处，也不愿跟我在一起吗？

安德鲁：但对你来说，舒伯特并没有死。你认为舒伯特比任何人都更有生命力。

西摩：当然是这样。

安德鲁：对我来说，鲁米比任何人都更有生命力。

西摩：可是，很多人都不知道这一点。他们从没有过那种感觉。

安德鲁：所以，我们热爱孤独的理由之一就是，孤独能让我们保护这些神圣的友谊，而那么多的人都不理解这种友谊。

西摩：我也这么看。

安德鲁：我认为，我们都敞开了自己的感受力，去联系精神的世界。我们这样的人会在很深的层次上建立多种关系，这是很多人都做不到的。其中一些都是与所谓"已故者"建立的关系，是与伟大的音乐家、诗人、画家等人建立的关系。既然如此，为什么不能把它作为对其他人的绝好邀约，要他们也找出这些关系来呢？

我刚刚度过了美妙的一天，在巴黎参观了委拉士开兹[4]的50幅油画。我认为，委拉士开兹是曾经在世的最伟大的画家，比伦勃朗和维米尔[5]还要伟大。我永远都不明白我为什么如此热爱他。这对我是个谜。

西摩：哦，一如既往，你不用解释。

安德鲁：对，我不用解释。

西摩：它想必就是你的感受。

安德鲁：我同意你的说法。但是，听说巴黎要举办委拉士开兹50幅画作展览时，我没告诉任何人，没告诉我在巴黎的任何朋友，因为若是告诉了他们，他们一定会非要跟我一起去参观不可。展览第一天，我早早就去了，是第一个参观者。我用了整整一天，观看委拉士开兹的画作。我独自去跟他相处。

西摩：这实在太好了。

安德鲁：我想与这位天才独处，他的作品伟大、清晰、撼人心魄、毫不粉饰、精确得让人无法置信。在我看来，他比其他任何画家都更强烈地表现了人类苦难和人类高贵的奥秘。

西摩：太引人入胜了。

安德鲁：在场的其他任何人都会成为我与委拉士开兹的心灵之谊的障碍。

西摩：当然。可是，一个人必须具备深刻的感受力，并怀有激情……

安德鲁：怀有对委拉士开兹的爱。

西摩：才能理解你为什么需要独处。

安德鲁：对一些人来说，独处是非常可怕的事情。很多人都认为：最重要的是找到正确的关系或友谊；换句话说，就是找到应当去爱的人。但是，应当去爱的那个最重要的人，最终却是你自己。我记得我看过一部关于各种关系和自我理解的电影。影片中最动人的一刻，是看到了一个40多岁的人独自生活，拍片人问他为什么那么快乐。他答道："我终于爱上了我自己。我生来就是为了认识我自己的，我认为这才是人生的真正意义。"他说出了更深刻的思想，说出了一个道理：我们彼此之间的真正关系，就是我们和我们最深层自我的深度、力量和活力之间的关系。

西摩：安德鲁，我全心全意地认同这个说法。正因如此，我才总是说：人生的主要目标之一就是学会爱自己。

安德鲁：里尔克在他的《致一位年轻诗人的信》（Letters to a Young Poet）里说过：爱，真正的爱，就是两个孤独者彼此为邻、彼此保护、彼此敬慕。

西摩：说得太好了。

安德鲁：彼此为邻，就是互不侵犯；彼此保护，是因为他们都懂得：对方的孤独对其最深层的自我非常重要；彼此敬慕，是因为他们都懂得孤独的痛苦、严酷与高贵。

西摩：当然，这也因为他们都亲身经历过孤独。

安德鲁：对。我认为：就我此刻理解的人生而言，这就是对爱的终极表述。

西摩：真爱的另一个绝佳定义是："我只要有益于我爱人的东西，哪怕牺牲我自己的需要。"我还见过的一种最具启发性的定义，它说爱就是"对另一个人缺点的同情式理解。"

安德鲁：我同意这个说法。

西摩：你有同感吗？

安德鲁：如今我已大大减少了对关系的期冀。我把我内心最深处的信任寄托在我与我所爱之人的关系上。我把我内心最深处的能量用在了我与自己的精神实践的关系上，用在了全心助人上。我觉得这是我一生中最快乐的时期，因为我发现：时间一长，这么做使我大大减少了对友谊和爱情的苛求，大大减少了让友谊和爱情获得回报的期盼。我认为，想让友谊和爱情获得回报，这永远都是幻想。

西摩：我说"我享受爱己"时并不感到羞耻。我知道"爱己"有多重要，因为你不爱自己便不能爱其他任何人。

安德鲁：你说的"爱己"究竟是什么意思呢？我这么问，是因为我们生活在一种如此自恋的（narcissistic）文化里，其中的人们没完没了地谈论爱己；而在我看来，那完全是放纵自己不断大谈自己的危机、心理创伤和需求。我认为那不是爱己，而完全是被自己迷惑了。真正的爱己和被自己迷惑，这两者有什么区别？

西摩：任何人都不曾问过我这个问题。但听到你提出了这个问题，我便有了一些想法：我们必须诚实地表达自己，必须说出我们的真实感觉。我说"我爱自己"，是因为我在生活中接受过一些挑战，使它们得出了成果，比其他成果更成功的成果。我写一首乐曲，会开始于即兴创作，再写出一个能吸引我的主题（motif）。然后我一动不动地坐着，用心灵的耳朵聆听我写的那个主题的必然延续。它不能肤浅，而一定要来自我已写出的音乐。我尝试了一次，却没成功。再次尝试的结果更糟。坚持住，我快要成功了。我终于知道了主题末尾应当发展出什么曲调。我那么做时，仿佛在用自己的双臂拥抱自己。我对自己说：你太了不起啦，因此我爱你。我们还可以用"骄傲"（proud）这个词："我为自己骄傲"。但是，"爱"（love）这个词却来自人的"精神之库"。

安德鲁：西藏的佛教和伊斯兰教苏菲派的教义（Sufism）中，都有一个奇妙的短语，叫作"神圣的骄傲"（divine pride）。它被看作真正醒悟的标志，表明具备了神圣的骄傲，表明真正地理解了你心中慷慨、勇敢和热情这些品德的深刻与丰富。具备"神圣的骄傲"与自恋的区别在于：你自恋时，会把上述那些品德说成是你自己的；而你一旦醒悟了，便会意识到那些品德就在你身上，并把它们献给生活，献给他人，献给创造活动。

西摩：说得太好了。换句话说，我的经验成了一种手段，用于和其他一切人分享各种启示。

安德鲁：对。

西摩：我想补充一句：我感到爱自己时，我为我的成绩感到骄傲时，都深知爱和骄傲之情绝不归因于我自己。所以我才像我说过的那

171

样，想象出了我心中的一个地方，我称之为"精神之库"。一切有生命的事物（包括动物）心中都有"精神之库"。它把我们大家连在了一起。我感到，我作曲时若想找出处理某段音乐的方法，便会叩问那个"精神之库"，以求答案。它在我体内，不在我身外。

安德鲁：它属于一切事物，属于所有的人。

西摩：我很赞赏"神圣的骄傲"这个概念，因为它显然不是个人的，也不是以自我为中心的。因此，它是一种福分（blessing）。

安德鲁：在我看来，你所说的"精神之库"如同广阔的光明之海，我觉得自己只是其中一滴水。所以，无论我产生了什么感情，无论我能给予他人什么，都是那个大海给的。

西摩：因此，你变得不那么重要了。

安德鲁：我只想消失在那大海的深处，我只是把它给我的又给了别人。

西摩：我有同感。

安德鲁：你刚才提到万物中都有"精神之库"——它把我们和一切连在一起，包括我们所爱的动物。面对我们所爱的动物朋友，我们会被一种简单的、无条件的爱降服，那时仿佛一切都消散了。正是在这里，一切差别都消失了，我们只是在一个无言的、深刻的层次上，简单地给予爱、接受爱。

西摩：对。安德鲁，你和我都热爱动物，这使我们之间联系得最紧，因为我们都乐于看到动物能给予无条件的爱，能嬉戏，能使我们感到神秘。去年2月我就知道你是如此了。当时，你打电话告诉我，你心爱的金毛猫托帕斯（Topaz）早夭了，可怜它只有5岁。当时你几乎崩溃，如同父母失去了孩子。你说起那只猫，就像说起一个把人生真谛教给了你的人。

安德鲁：当时我伤心了好几个月。

西摩：相信我，我理解。我出生后，动物一直都是我生活的一部分。我父母也很喜欢小动物。我父母若讨厌动物，我会怎么样呢？

我母亲告诉我，我出生在新泽西州纽华克市的圣·巴纳巴斯医院（Saint Barnabas Hospital）。母亲把我从医院抱回家，放在婴儿床上，我家的波士顿牛头犬玛吉（Margie）跳上了婴儿床，趴在我身旁，一下子就收养了我。

我还有一只猫，我很喜欢它，它也很喜欢我，它的死也曾让我非常伤心。它名叫克歇尔（Köchel）。克歇尔是你能见到的性格最可爱的猫。我练琴和教课时，它常常坐在我的钢琴谱台左边。每当我或我的学生翻乐谱，它都伸出一只爪子抚平乐谱。想想吧，我的学生们看

173

见它的滑稽动作时有多么开心。我一离开钢琴，它就跳到琴凳上，好像那一刻它就是音乐老师。每次我在琴房试奏演出曲目，克歇尔都坐在房间中央，耐心地等我奏完一个慢板乐章，其间还会"添入"各种"猫"音——有时是柔和的轻声，有时是响亮的、抗议般的哀号。它一定以为：我只要弹得再轻一些，它的声音就能被听到。一天晚上，我弹起了贝多芬奏鸣曲（作品111号）的第二乐章，克歇尔的喉咙里发出了最响亮的吼声。那个乐章当然不会使人感到滑稽。但克歇尔大吼时，房间里所有的人都禁不住大笑起来，包括我。

我和克歇尔互相爱慕。克歇尔靠在我身上时，总是一副兴高采烈的样子。当然，它整夜都睡在我的左臂弯里，发出咕噜咕噜的声音。说实话，我从没听见过哪只猫像克歇尔那么经常地发出咕噜声。它那台"咕噜机"似乎永不缺油！

克歇尔17岁时，一只爪子长了毒瘤，不再能吃东西了。这并没有减少它对我的爱。它甚至临死前还在发出咕噜声。它的妹妹希拉（Sheila）一年后也死了。克歇尔的死使我万分悲痛，为此我整整三天拔掉了房间里的电话线。为了纪念克歇尔，我为孩子们写出了一本介绍钢琴的书。

安德鲁：太令人感动了。现在，请你给我讲讲你在缅因州这里的动物朋友们吧。

西摩：噢，安德鲁，我是从1968年开始来缅因州度夏的。我的两只猫总是跟我一起来。它们很喜欢乡村和新鲜空气。我来到缅因州，才第一次见到了浣熊。因此一天夜里，我在我工作间外的桌子上放了一块贝蒂·克罗克牌蛋糕[6]。没过一会儿，一头浣熊就出现了。她吞掉了蛋糕，爬上离我工作室只有五步远的台阶，带着最诚恳的表情，看着我和我的两只猫。我们很快就建立了温馨的友谊。她允许我到屋外跟她同坐，还常用熊掌的柔软部分拍拍我的手。她那么做，彻底感动了我。贝蒂[7]学会了怎样从我嘴里掏出果汁软糖、又不碰到我。

安德鲁：从没听说过浣熊跟人友好相处，所以你那头浣熊是个例外。现在给我讲讲其他一些让你着迷的动物吧。

西摩：我先要说说可爱的花栗鼠。一只被我叫作贝琳达（Belinda）的花栗鼠，一连九个夏天都到我这里来。更近些时候，另一只可爱的花栗鼠进入了我的生活。我叫它"淳子"（Junko），淳子是我喜欢的学生之一[8]。最后还有比尔，它是我遇到的一只最友好的红松鼠。

我现在给你讲一件很不平常的事。一天，我的好友比尔来看我，他有一只可爱的灰犬，叫阿历克斯。当时我抱着淳子，它正在吃葵花籽。比尔带来了阿历克斯，非常仔细地抬起了阿历克斯的一只爪子，让它轻拍小淳子的脸。淳子自顾吃着，仿佛已对此习以为常；阿历克斯一定在想这是它分内之事，它的使命就是把爱扩展到一切生物上。

动物成了我们的朋友时，我不知道你有什么感觉，但我感到那是一种福分。我对自己说：在花栗鼠面前，我就是巨人。你知道，它们

175

最初看到你时会害怕。它们终于进了我的工作室,坐在我腿上,允许我抚摸它们,在我看来,这就是对我最大的信任。我感到很荣幸,因为它们允许我进入了它们的生活。于是我轻声对自己说:你一定要做个好人,好让它们像那样爱你。

安德鲁:哦,你知道,我用很多年研究了人类一些伟大圣徒和先知的人生,我注意到的事情之一,就是他们几乎每个人都很喜爱动物。

例如,上次我在肯尼亚参观鲁米(Rumi)墓时,站在一位老妇人旁边,她的英语说得不太好。我们成了朋友。她问:"你知道谁跟他葬在一起吗?"

我说:"没人跟鲁米合葬;除了那位伊斯兰教先知的墓,这是伊斯兰教最有名的墓了。"

她答道:"不,你错了。"她告诉我,鲁米快去世时有一只心爱的猫。他离开这个世界时,那只猫从床上跳了下去,躲了起来,最后绝食而死。因此,鲁米下葬时便和那只猫葬在一起,那只猫放在他胸口上。这在伊斯兰教中绝对史无前例。伟大的圣徒绝不能和任何东西合葬,但鲁米的女儿却一定要把鲁米钟爱的那只猫放在鲁米胸前。有人问她为什么如此,她说:"因为我父亲是一切造物的朋友。"

鲁米在一封信里写了一些话,我深深地珍视它们:"用你的全部身心崇敬和爱慕真主,他便会向你揭示:宇宙间每一种事物都是充满智慧和美的容器。真主向你显示的每一种事物,都是他无限的美的无垠之川里的一滴水。"西摩，我们两人生命中最大的快乐，也许就是我们都通过对动物的爱，理解了那些光辉词句的含义。

西摩：你知道大约十年前的某一年发生了什么事吗？当时有一天，我来到屋外，坐在海边，一只山雀落在了我肩上。

安德鲁：一只野山雀落在你肩上了？

西摩：正是。所以我把左手手指放在了肩上。它跳到了我的手指上。我把它举到眼前，它看着我的双眼。我手边有满满一盒葵花籽，我就把一些葵花籽放在了右掌心里。那只山雀跳进我的手掌，衔起一粒葵花籽，飞走了。接着它飞了回来。因此，趁它站在我手指上时，我就走进了我的工作室。但我那么做是错的。它飞到窗台上，想飞出去。它把窗户误当成了自由，非常惊慌。它飞来飞去，撞在窗上。我走了过去，把手指放在它的爪子下面。它马上镇定下来了。它又跳到我手指上，我带着它，走向我工作室敞开的门。它飞走了，我再也没有见过它。但是，我和野鸟王国的那次接触却让我惊奇不已。我觉得那是一种福分。

安德鲁：美国一位本土萨满教老巫师对我说过，他那个部落相信：你死的时候，会来到一座桥上，桥上有你生前见过的所有动物。决定你能不能走过那座桥、获得新生命的，正是那些动物。因此他说："你生前怎样对待动物，说明了你实际上是哪种人。"

西摩：太有意思了。

安德鲁：所以我觉得，当你到了即将离开这个世界的那一刻，你会站在那座桥前，桥上有你童年时代养的狗，有你的几只暹罗猫，还有你爱过、也爱过你的所有鹦鹉和花栗鼠，而它们会让你走过那座桥。你一定会有这番经历。

西摩：我那些小宠物会跟我在一起吗？

安德鲁：天堂里若没有动物，我就根本不愿到那里去。

西摩：但是，安德鲁，认真地说，你知道我不相信天堂、地狱和来生。但我认为有可能在地球上见到天堂的瞬间。我们必须做的是：把我们调整到我们的"精神之库"上，在孤独中提高自己，培养自己的一种能力，那就是体验爱己，对心灵之友和动物敞开心扉，最终以一种艺术的方式，投入我们的愿望和激情的深处，而那种方式能使艺术的表现影响我们的生活方式。

注释：

[1] 万达·兰多夫斯卡（Wanda Landowska，1879—1959）：犹太裔波兰大键琴（harpsichord）演奏家、教师，1938年加入法国籍。1941年12月，她为躲避纳粹来到了美国康涅狄格州，1942年在纽约市政厅首次用大键琴演奏了巴赫的《戈德堡变奏曲》（*Goldberg Variations*），1949年定居美国。

〔2〕鲁米（Mevlana Jalal ed-Din Muhammad Rumi，1207—1273）：古波斯诗人、法学家、伊斯兰学者、伊斯兰苏菲教派（Sufi）神学家。另见本书第一部分和第二部分。

〔3〕蒙田（Michel Eyquem de Montaigne，1533—1592）：法国散文作家。

〔4〕委拉士开兹（Diego Velázquez，1599—1660）：西班牙画家。

〔5〕伦勃朗（Rembrandt van Rijn，1609—1669）：荷兰肖像画画家。维米尔（Jan Vermeer，1632—1675）：荷兰风俗画画家。

〔6〕贝蒂·克罗克（Betty Crocker）：美国沃什本·克罗斯比面粉公司（Washburn Crosby Company，通用磨坊食品公司的前身）1921年创立的品牌和注册商标。其中，贝蒂（Betty）是温馨的典型美国女名；克罗克（Crocker）是为了纪念该公司经理威廉·克罗克（William Crocker）。

〔7〕贝蒂（Betty）：根据语境，这个"贝蒂"当指这头浣熊。

〔8〕此人名叫市川淳子（Junko Ichikawa），见本书第一部分。

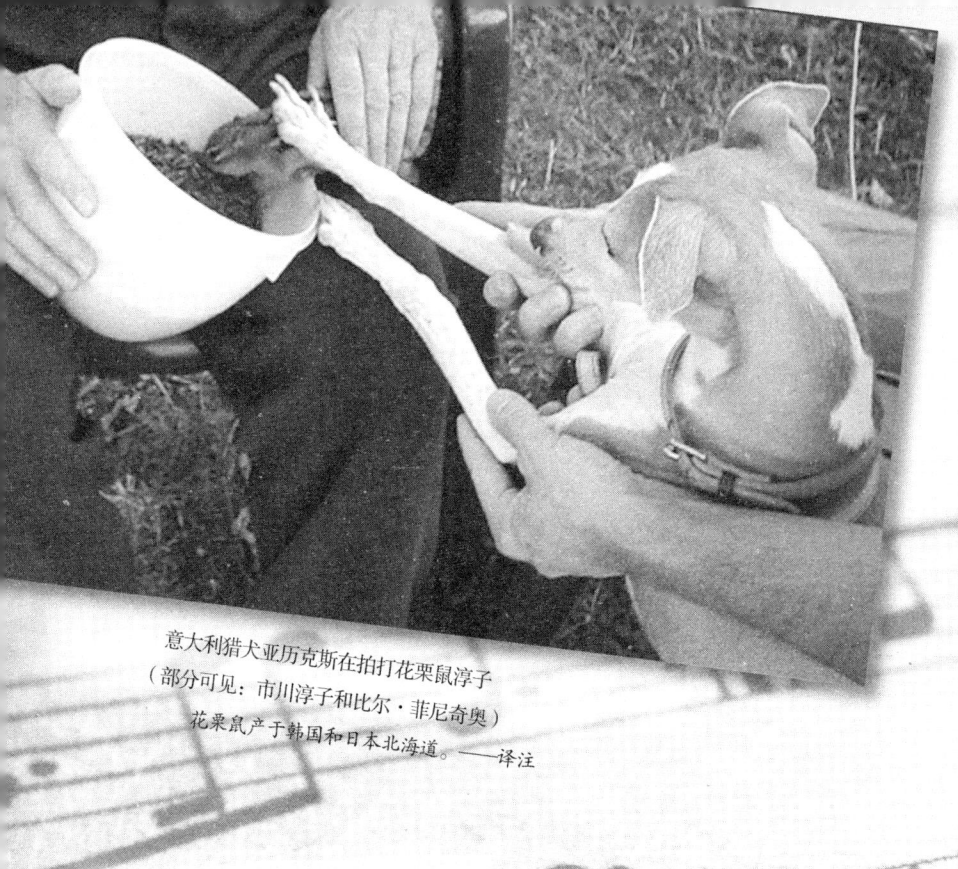

意大利猎犬亚历克斯在拍打花栗鼠淳子
（部分可见：市川淳子和比尔·菲尼奇奥）

花栗鼠产于韩国和日本北海道。——译注

西摩给花栗鼠淳子喂食

第五部分　教学

8. 授受之谜

安德鲁：我认为，人们如此被你吸引，其最深刻原因之一是：你就是给人启迪、谦逊、有爱心的教师的原型。我们谈谈教学吧。

西摩：讨论教学之前，我必须说一件经常被提到的事情，那就是我当年放弃了演出，但我从没放弃作为音乐会演奏家的能力，那种能力始终存在，甚至我结束了独奏生涯之后也是如此。我渴望探求某个音符（例如降 B 或升 G）在某个乐节（musical phrase）中的真正作用，这个愿望从未消失。我得到了一个又一个启示。因此，我一直都在运用我的音乐能力。我也一直都在世界上最好的音乐厅、和一些最伟大的演奏家演奏室内乐。这些活动滋养了我的教学。我相信，我若停止了演奏，便不会成为优秀的教师。那天我们讨论音乐时，我对你说过：就构成乐节而言，音乐家最深刻的敏感性是天生的，是教不会的。不过，优秀教师却能帮助学生摹写乐节。我还相信，优秀教师的素质也是天生的。同时，教学技术能从这一代学生传给下一代学生，使最好的教学传统永存。言及教学，我想说：自你从客房出来跟我说话，你就一直在教我。

安德鲁：真的？

西摩：对，真的。那是你天性的一部分。我无时无刻不在向你学习。我听你怎样构成句子。但主要的是，你说出的每一句话中隐含的激情都深深地影响了我。它来自你内心最深处，也许来自你的"精神之库"吧？

安德鲁：谢谢你。我热爱教学！给我讲讲你是怎么开始教学的吧。

西摩：我15岁时师从一位最好的老师，我第一位真正的老师，在新泽西州的纽华克。她名叫克拉拉·胡塞尔（Clara Husserl）。她的丈夫是著名哲学家埃德蒙·胡塞尔[1]的堂弟。你对主修哲学的人提到胡塞尔这个名字，他们会肃然起敬。

安德鲁：他是现代语言学的伟大奠基者之一。

西摩：这么说，你知道个名字？

安德鲁：知道。

克拉拉·胡塞尔（克拉拉姑妈）

西摩：克拉拉·胡塞尔有四个孩子，每个都在某个特定领域中出类拔萃：弗朗兹（Franz）是著名的精神病学家。保罗（Paul）从事过多种职业：他是特写作家，是《时代》（*Time*）和《电影艺术》（*Cinema Arts*）杂志的记者，后来做了纪录片《时间进行曲》[2]的执行编辑。第二次世界大战期间，他在海外服役，是麦克阿瑟将军（General Douglas MacArthur）麾下的战地摄影师。战后，他做了纽约全国广播公司（NBC）的夜间新闻编辑，又做了最早的《今日秀》[3]电视栏目的合作制片人。阿德莱德（Adelaide）是女演员，还为儿童主持了一栏电视节目。克拉拉·胡塞尔最大的孩子是钢琴家霍滕斯·蒙纳斯（Hortense Monath）。

克拉拉·胡塞尔是第一位与托斯卡尼尼[4]合作演出过的女子，是著名音乐系列节目《音乐新朋友》（*New Friends of Music*）的创办人。她是一位令人敬畏的钢琴家，是阿图尔·施纳贝尔[5]喜欢的学生。我很了解她。她是典型的歌剧女主角（prima donna）型女人，但她与很富有、很有名的男人的两次婚姻却完全毁掉了她。因此，你现在便能想象出我师从克拉拉·胡塞尔时的处境了。我觉得我是她的家人，所以叫她"克拉拉姑妈"。

安德鲁：你是怎么认识这位了不起的女子的？

西摩：安德鲁，你不会相信我是怎么认识她的。你还记得吗？当年我母亲请送奶工帮忙，稀里糊涂地为我找到了第一位钢琴老师。而这一回，我母亲去看一位在医院工作的朋友，偶然提到了我爱弹钢琴。那位朋友告诉她,纽华克最好的老师是克拉拉·胡塞尔。

我就这么认识了克拉拉。从一见面,我们就互相爱慕。她负起了我全面发展的责任。例如,她给我提供的读物,完全堪比哲学博士考试的必读书。那时我刚15岁,此前只读学校指定的书,而我竟然读懂了(例如)尼采和歌德的著作,这至今仍然让我惊讶。若没有克拉拉姑妈的亲笔点评,我根本就读不懂那些著作。她的评论写满了每页书的页边。它们以反驳和确证的形式,指导我理解书中讨论的复杂题目,至少是部分地理解。有的时候,书中正文的某个方面会启发克拉拉姑妈作诗。她常常突发灵感,把诗写在书的前页或左页上。说实话,我当时天真无知,也常常怀着各种极强的情感,但连我都看不上她那些诗笨拙的音韵、格律和幼稚的内容。我不止一次地想冲口说出:"啊,还是算了吧……"

安德鲁:胡塞尔夫人带你去过城里吗?带你听过音乐会吗?

西摩:克拉拉姑妈和我一起到各处去。例如,正是她带我第一次去了卡内基音乐厅(Carnegie Hall),听了著名的阿图尔·施纳贝尔的演奏会。施纳贝尔当时是公演贝多芬32首钢琴奏鸣曲的钢琴家之一。他也是一位名师。我师从的最伟大教师克利福德·柯曾爵士[6],其实就是他的弟子。霍滕斯和施纳贝尔夫人(著名抒情歌唱家)坐在我们右侧的包厢里。施纳贝尔对《华尔斯坦》奏鸣曲[7]的诠释,他弹奏时令人难忘的表现,都深深地印在了我心中,不能磨灭:他稳定的身体、从容有力的双手,还有钢琴发出的多种力度的声音——都让我想起了克拉拉姑妈的演奏。其实，施纳贝尔本人就是维也纳著名音乐教育家莱谢蒂茨基[8]的弟子。记得当时我想：我师从这样的钢琴大师，真是太幸运了。

安德鲁：西摩，看来克拉拉夫人非常出色、非常慷慨。她过得快乐吗？

西摩：教着新泽西州最好的学生，享受着子女成功的荣耀，克拉拉姑妈本该最满意自己的生活。但她显然还是怀念维也纳的智力氛围，她从学生时代就一直处在那种氛围里。因此一有机会，她就尽量设法重新创造出那种氛围。她清楚地记得那些啤酒馆，记得莱谢蒂茨基的学生之间那些令人兴奋的讨论。毫无疑问，她认为她那个小男孩儿[9]的个人成长缺了某种至关重要的东西：尼采、歌德，还有啤酒馆，而这些东西显然能改进我的演奏。

因此一天晚上，我们从纽约市返回纽华克后，克拉拉姑妈就带我去了当地离她家不远的一家酒吧。连说它"破旧"也是对它外观的溢美。它肮脏又凌乱，活像纽华克下层人的巢穴。但酒吧全都有可以随意饮用的啤酒，这正是克拉拉姑妈感兴趣的。看见一位上年纪的、贵族模样的妇人和一个十几岁的男孩儿坐在桌旁狂饮啤酒，酒吧侍者和其中所有的社会弃儿会想些什么，我几乎想不出来。我15岁就去酒吧喝酒，这件事本身就令人惊诧。克拉拉姑妈完全忘了那些盯着我们的眼睛，平静地啜饮啤酒，跟我讨论起我们那晚听过的音乐会。

过了大约一个小时，她让她那个小男孩儿见识了波希米亚式生活[10]，对此她很满意，便从座位上站起身来，直接走到侍者前付账，然后带着若无其事的高贵气派，走出了酒吧。我跟在她后面，脚步比我进酒吧时轻快了几分。

克拉拉姑妈的做派也许古怪，但她是钢琴演奏的典范。无论她指定我学习什么乐曲，我都照办。即使她的雄心超过了我的能力，我也毫不察觉：莫扎特、贝多芬、柴可夫斯基、舒曼和李斯特的协奏曲；贝多芬所有困难的奏鸣曲；肖邦和李斯特技巧精深的作品；还有舒伯特的《流浪者幻想曲》[11]，她要求我用一星期练好，在一年一度的学生独奏音乐会上演奏——所有这些，外加更多的乐曲，我都练习并表演过，而这完全是出于她的建议。

安德鲁：克拉拉·胡塞尔教给了你什么？

西摩：我崇拜克拉拉姑妈，被她的演奏迷醉，但我不能说她在技术上和音乐上指导了我。不过，我当时还是渴望听她弹琴，看她弹琴时的身体动作。最重要的是，我在她面前会产生灵感。她告诉我，她17岁时，在维也纳师从莱谢蒂茨基。莱谢蒂茨基是历史上最著名的教育家之一。她告诉我，这位教授对她说，她有一双 goldene Hände（金手）。她给我上课，每当她为我示奏，一切都像从她的双手自然地流出。但我认为，她并不知道自己弹出的声音为什么那么美妙。她认为她和我很像，因为我们都是天生的钢琴家。因此，我们完全是灵犀相通。

她设法为我介绍一些关系，因为她认为我的钢琴生涯将大有发展。例如，她认识约翰·奥提兹（John Ortiz），鲍德温钢琴公司[12]的首脑。鲍德温公司财力雄厚，因此只向即将成为所谓"鲍德温艺术家"的人提供钢琴，伦纳德·伯恩斯坦[13]就是其中之一。胡塞尔夫人联系了奥提兹先生，做出安排，请他试听我的演奏。当时我16岁，我的理性告诉我，我的事业当然不会有什么大的发展。不过，我还是突然发现自己来到了奥提兹先生的办公室，坐在了一架华丽的鲍德温三角钢琴前。安德鲁，我也不知道当时我中了什么魔法，但直到今天我仍然不认为我的哪次演奏比那天更好。我当时完全征服了他们。我先弹了肖邦的《升f小调波罗乃兹舞曲》（*Polonaise in f-sharp Minor*，Op. 44），又弹了李斯特最难的钢琴杰作之一《侏儒舞》[14]。一切都像从我的手指自动地滚落出来，仿佛弹琴的是另一个人。

我弹完了李斯特，奥提兹先生一句话也没说。他走到电话旁边，给伦纳德·伯恩斯坦打电话。对方的电话应答机传来的消息说，列尼[15]到医院做阑尾手术去了。于是，奥提兹先生给他留了信息："亲爱的列尼，我是约翰·奥提兹。我刚听完一个人的演奏，他是我听过的最有才华的钢琴家，叫西摩·伯恩斯坦。伯恩斯坦和伯恩斯坦必须见见面。"我此前从没听到过那样的话。事实就是如此。坦白地说，我当时松了一口气，因为我其实还没有为那个重大时刻做好准备，那就是与伦纳德·伯恩斯坦见面。

我前面说过，克拉拉姑妈有全新泽西州最好的学生，但她认为那些学生的练习并不得法。因此，我15岁时，她便安排我去那些学生的家，指导他们练琴。如今想来，我仍然不知道她当年为什么那么信任我，竟让我指导她的学生。我以前毕竟没教过任何人。但她确实相信她和我都是天生的钢琴家。我想，她知道我会把她那些学生引到正确的方向。每天中学放学后，我就去克拉拉姑妈的学生家。那是我教学生涯之始，也是我第一次靠音乐挣钱。我记得，当时我对听到、见到学生做的一切都做出了本能的反应。到那年年底，我挣到的钱已足够买下我的第一架斯坦威钢琴了。我从纽约市的斯坦威父子公司买了那架钢琴（高5英尺10英寸）。第二年，我有了几个私人学生。我很喜欢和学生一起克服困难的乐段，当场帮助他们解决问题。我懂得了为别人做贡献是一种什么样的特权。

安德鲁：因此对你来说，教学是一种方式，能培养学生的技能、自律（discipline）和直觉，以进入音乐、表现音乐、享受音乐之福。在教学中，你帮助他们，使他们发现自己是这门艺术中技巧熟练的诠释者。因此，他们便学会了深刻地感觉自己的长处。

西摩：我希望自己能说，我确实做到了你所说的。你说得很完美。对，事情就是如此。看吧：我的学生们和我正在奉献我们的艺术。我帮助他们，我们一起保护神圣的音乐艺术。

安德鲁：你怎样指导学生学习新乐曲？西摩，我知道你有个帮助学生的计划。

西摩：我的确有个计划。我把它简化为学习的四个阶段：自发（spontaneity）、认识（awareness）、投入（commitment）和综合

(synthesis)。说到第一阶段,即自发状态,谁没经历过"一见钟情"呢?在音乐里,一个主题、一个微妙的和声变换,或者一种内在的和声,都会使人"一见钟情"。在这第一阶段,感情完全自然地产生,充满了热望的洪流。强烈的喜悦取代了思想和理性。由于我学习的是我喜爱的乐曲,视读(sight-reading)乐曲的第一阶段就是经历"一见钟情"。我弹奏乐句,不抱任何音乐的或技术的定见,因此音乐本身会告诉我们它想做什么。这预示着你是个目力良好的读者。视读应当是教学的一个重要前提。没有这个能力,你就看不见音乐的种种奇迹。

安德鲁:再多说一些你对第一阶段的体会吧。

西摩:我最能接受外界事物时,有一种感觉:我根本不是在演奏,而是正在被演奏。总之,是音乐在演奏我,不仅直达我的情感世界和智能世界,而且直达我的整个身体。钢琴发出的声音感应了我的音乐观念时,我便会感到喜悦。我感到自己被赋予了战胜其他挑战的力量,既有音乐的挑战,也有个人的挑战。我还感到,帮助别人摆脱受害感、迎接挑战,这很有价值。

安德鲁:你怎样不断保持第一阶段中的这种神奇反应?

西摩:学习某首乐曲或认识某个人的长期过程中,很难一直保持这种最初的自发状态。问题在于,自发状态会通过其无拘无束的力量，很快忽略那些时间过长的变化。[16]就像盲目的痴情，它造成的种种感情往往飘忽不定，有时还会彻底消失。

看似矛盾的是，自发状态只能通过自律来调整。这是因为，失控的、令人痴迷的一见钟情越容易得到满足，往往就越来越不可靠。于是厌倦便取代了热情，一切都消失在了幻灭（disenchantment）中。这种幻灭或是由于缺少自律能力，或是由于不愿牺牲自己的自由，去满足爱的要求。

正是在这里，第二阶段——认识（awareness）阶段开始了。保持自发状态有两种方式：其一是观察，其二是分析。观察和分析共同引导你走向认识，而认识能澄清你的爱，促使它历久不衰。

安德鲁：所以说，认识阶段就是让深刻的感情接受思想的磨砺和调节。

西摩：对，绝对如此。一些音乐家不愿面对认识和观察。他们像情人一样，不愿从梦中醒来。他们认为分析会限制他们的表达自由。但是，音乐毕竟会限制我们表达自己的方式。例如，我们必须最认真地尊重乐谱上的一切标记。奇怪的是，这种对音乐细节的分析最终恰恰能维持自发状态。总之，你必须把音乐或者把一个人既装进你心里，又装进你脑子里。

我们必须考虑两个问题：第一，若是观察和分析反过来影响了你的自发状态，你最初的爱便无疑仅仅是发痴。第二，事实上，也有可能无中生有地分析出真正的爱。为了防止这种情况，你有时必须弹奏全篇乐曲，以复活你对它的第一印象，以延迟分析。每次重复这种体验都会加强你对情感和思维的控制，直到你对音乐的最初反应重新燃起，甚至得到强化。揣度一位作曲家的意图，有时就像思索一位朋友行为的意义。我们越探究答案，自信心就越少。在这样的时刻，连最热忱的学生也会想放弃他对某首作品的研习，寻找另一首作品作为逃避，说出"我不想弹贝多芬。我该弹莫扎特。他不那么沉重"之类的话。而你一旦放弃学习了一半的作品，转向另一首作品，你就为自己开了危险的先例。你有时会为你放弃了第二首甚至第三首作品辩解，最终你成了一个只愿享受瞬间快乐的人。

安德鲁：你怎样防止这种情况？

西摩：唯一能防止这种情况的，就是投入（commitment）某个真正的目标。这就是第三阶段。例如，贝多芬、舒伯特或者肖邦的天才若使你自惭，你就必须使自己的精神强大起来，做出成绩，以达到他们的要求。"我热爱那首曲子。我要掌握它，即使要用我的余生。"从那一刻起，那首作品就是你的了，因为你获得了它。你先是自然地喜欢上某个人，后来你会领悟到，你们的关系比你最初想象得重要。没有全心投入，没有坚定不移，便不能获得任何重要的东西。

成功地经历了这三个阶段，你进入最后一个阶段——综合（synthesis）时便会豁然开朗。在这个阶段，你在爱的初刻感到的、梦想的、直觉地理解的一切，都被理解、被实现了；唯有一点不同：这个阶段中充满了知识和认识。你有了这种元知识[17]的武装，便随时能用你吸收到你自身的美，使其他人得到满足。你已做好了表演的准备。

安德鲁：我很赞成你的这个四阶段进程：自发、认识、投入、综合。它们惊人地对应于我的探索方法，我探索的是：把我的人生投入一种新的神圣实践，投入研究并尝试理解以下某位大师神秘（主义）著作里的幻想，他们是特蕾莎修女[18]、伊本·阿拉比[19]，还有我热爱的伟大的荷兰神秘主义者勒伊斯布鲁克[20]，我认为他的散文就是神的音乐，几乎像巴赫的音乐一样伟大、一样发人深省。

你刚才说"你已做好了表演的准备"时，我被深深打动了，因为我想你的意思是：唯有你上升到了这个如此不可或缺的挑战过程（它既美好又严格），你才真正准备好了为那门伟大、复杂、神圣的艺术服务，那门艺术就是音乐。

这难道不是人生的一项重大责任吗？要与作曲家的幻想真正地整合起来，真正地演奏贝多芬或莫扎特的奏鸣曲，就必须付出一切。

西摩：嗯，这项责任整合了我们的精神世界、情感世界、智能世界和肉体世界。去掉其中任何一种成分，你就不是在为音乐服务，因为音乐包含了所有这些成分。音乐代表了所有这些成分的完美整合。因此，我们必须以同样的方式走进音乐。我们不能仅仅感觉音乐，而必须运用我们的大脑理解乐谱上的每一个标记。这当然还不够，因为我们若不把我们的身体与我们的感受和思想连接起来，钢琴就不会再现我们的音乐观念。想象一下所有这些成分的综合吧——我们的精神世界、情感世界、智能世界和肉体世界。你知道它多么强大有力吗？

安德鲁，我接下来的话非常非常重要。你知道太多、太多的音乐家是怎么做的吗？他们仅仅从音乐上做到了这种综合。他们一离开钢琴，就把钢琴抛在了脑后。小错也有可能导致人类的毁灭。他们没有把那种综合引进他们的日常生活。能使他们身心和谐的，正是这种综合。

安德鲁：其实他们不懂：做音乐的诠释者，就应当使个人精神的运作达到精致的和谐化（harmonization），而音乐本身就是这种和谐化的最高范例。

西摩：他们必须学会做生活的阐释者，而不仅仅做音乐的阐释者。音乐家都应当通过从事音乐艺术来学会这一课。把你在练琴和演出过程中的所学引进你的日常生活，这种情况如今会自动地发生。它就自动地发生在了我身上。但大多数音乐家则必须有意识地学会这一课。

安德鲁：你是怎么做到如此的？又是怎么注意到的？

西摩：我15岁时就注意到，每当我的钢琴练得好、完成了某项任务，我离开钢琴时便会对自己感到满意。在那些时刻，我生活中其他一切事情（尤其是我和别人的关系）也仿佛受到了我练琴状态的影响。但我的钢琴若是练得不好，我便会感到郁闷和内疚，很容易对别人发怒。因此我得出了一个结论：我的练琴与生活本身必定存在着联系。我思考生活是否影响了我练习和演奏音乐的方式？或者会不会相反——我的练琴是否影响了我的生活？于是我想到了一个问题：生活当然影响我们所做的一切。但生活是不可预知的。你永远都不能确定人们将说什么、做什么。相反，我凭着良心练琴时，一切事情都会有积极的结果。音乐不同于生活，因为音乐中有一种可预知感（a feeling of predictability）。这是因为，贝多芬写出一个降B音符时，毕竟是为了使它永存。因此我的结论是：音乐和我练琴对我生活的影响，比我的生活对音乐和我练琴的影响深远得多。

安德鲁：我能理解你这番话，但最重要的是你如何弹奏那个降B音符。你必须先理解作曲家为什么要在那段音乐中写下那个音符，再以恰切的保真度，进入作曲家的"声场"（sound field）。

西摩：嗯，那里正是我们投入精神态度、情感态度、智能态度和身体态度的地方。

安德鲁：那里正是理解和吸收全部传统的地方；而传统就是从事音乐的全部方式，通过伟大的钢琴家传承下来，通过伟大的作曲家传承下来。

西摩：我不是伟大的音乐家，只是非常认真的音乐家。我们已经知道哪些人是伟大的音乐家。我无法跟他们相比。我毫不怀疑我不如他们。我只想尽力发挥自己的才能。但我必须告诉你，我认为自己很有福气，因为每当我视读音乐、即初度面对音乐时，都会感到就像见到某些人时的"一见钟情"。你对那个人一无所知，但某种东西却激起了爱。一些乐曲使我立即爱上了它们。我弹奏它们时，我的声音反应被激活了，就像我唱出了音乐一样。不知为什么，音乐控制了我。我感到自己的身体有一个特殊部分。这部分身体浸透了音乐，演奏着我。它告诉我该做什么，仿佛有人对你耳语："现在弹得轻一些，现在弹得响一些，现在继续弹下去，现在稍等片刻。"总之，我感到自己正被演奏。这种感觉是我能想出的最令人满足、最有益处、最能给人灵感，同时也是最神秘的体验之一。它使我无比欢乐。我知道了音乐正在告诉给我的东西，便立即和我的学生们分享。他们觉得我把某种他们不知道的、神圣的事情告诉给了他们。我的学生们沉浸在这种新信息里，兴高采烈。这个循环完成了。

注释：

[1] 埃德蒙·胡塞尔（Edmund Husserl, 1859—1938）：奥地利犹太裔德籍哲学家，对存在主义哲学产生了很大影响。

[2]《时间进行曲》（The March of Time）：美国系列电影短片，1935—1951年间放映，每部时长20～30分钟。

[3]《今日秀》（Today show）：美国全国广播公司（NBC）1952年1月开播的一栏新闻和谈话早间电视节目。

[4] 托斯卡尼尼（Arturo Toscanini, 1867—1957）：意大利著名指挥家，曾担任纽约大都会歌剧院和纽约爱乐乐团指挥。

[5] 阿图尔·施纳贝尔（Artur Schnabel，1882—1951）：奥地利犹太裔美籍钢琴家、作曲家、音乐教育家。

[6] 克利福德·柯曾爵士（Sir Clifford Curzon，1907—1982）：英国著名钢琴家，擅长演奏莫扎特、舒伯特、勃拉姆斯和舒曼的作品。

[7]《华尔斯坦》奏鸣曲（*Waldstein Sonata*）：贝多芬32首钢琴奏鸣曲中的第21首（作品53号），作于1804年，亦称《C大调第21钢琴奏鸣曲"黎明"》。

[8] 莱谢蒂茨基（Theodor Leschetizky，1830—1915）：波兰钢琴家、作曲家、钢琴教育家。又见本书第二部分"音乐"。

[9] 她那个小男孩儿：原文是Sonny（萨内），为西摩的昵称，见本书第三部分"家庭"。

[10] 波希米亚式生活（Bohemian life）：指吉卜赛人追求自由、狂放不羁的生活方式，尤指19世纪中后期巴黎贫困的青年艺术家反叛传统、苦中作乐的人生态度。

[11]《流浪者幻想曲》（*Wanderer* Fantasy）：舒伯特作于1822年的钢琴曲，C大调，作品第15号，分为四个部分。

[12] 鲍德温钢琴公司（Baldwin piano company）：美国著名的钢琴零售公司之一，1862年由管风琴家、小提琴家德怀特·汉密尔顿·鲍德温（Dwight Hamilton Baldwin，1821—1889）成立于俄亥俄州辛辛那提市。

[13] 伦纳德·伯恩斯坦（Leonard Bernstein，1918—1990）：乌克兰犹太裔美国指挥家、作曲家、钢琴家。

[14]《侏儒舞》（*Gnomenreigen*）：李斯特的音乐会练习曲（*Konzertetüden*，S.145）的第二首，作于1862年。

[15] 列尼（Lenny）：伦纳德（Leonard）的昵称。

[16] 此句意为：自发的激情只图一时的新奇刺激，即后文所说的"只愿享受瞬间快乐"，却忽视了缓慢的感情变化过程。

[17] 元知识（metaknowledge）：即现代心理学所说的"元认知"（metacognition），指一个人对自己思维活动和学习活动的认知和监控，即对认知的认知。

[18] 特蕾莎修女（Saint Teresa of Ávila，1515—1582）：西班牙修女、罗马天主教徒、神学家、宗教改革者。

[19] 伊本·阿拉比（Ibn Arabi，1165—1240）：阿拉伯人，生于西班牙西部，后定居大马士革。他是伊斯兰教苏菲派（Sufism）神秘主义哲学家。

[20] 勒伊斯布鲁克：全名约翰·勒伊斯布鲁克（John Ruysbroeck，荷兰语名 Jan van Ruusbroec，1293—1381）：荷兰天主教神秘主义者，写有12本书、7篇书信、两首赞美诗和一篇祈祷文，均以中古荷兰语写成。

9. 最佳教师：克利福德爵士

安德鲁：你曾师从最伟大的钢琴家之一——克利福德·柯曾。他是个优秀的教师吗？

西摩：我的老师当中，他是最伟大的。顺带说一句，安德鲁，他如今是克利福德·柯曾爵士了。

安德鲁：克利福德·柯曾爵士。让这本书的读者了解你与克利福德之间的深爱和友谊，了解他是怎样一位教师，了解他如何改变了你对音乐的理解，了解他如何激励了你，这非常重要。

西摩：我不想说他"改变"了我对音乐的理解。他收我为徒，是因为我已极为擅长音乐了。他所做的是，把我的精致状态引导出来，唯有他那样的伟大艺术家才具备那些状态。你知道我是怎样认识他的吗？我退役时，在音乐方面简直一塌糊涂。我有两年没真正地练过琴了。

克利福德·柯曾爵士，摄于纽约斯坦威钢琴大厅的三角钢琴地下展厅

安德鲁：在朝鲜战争之后？

西摩：对。你知道，我当年在朝鲜演奏的次数，比我一生演奏的次数都多。真不知道，我究竟是怎么以最少的练习应付了那些演奏的。但我那时弹得并不太好。我没有足够的时间把事情做好。可我不知为什么还是活下来了。你知道，我是个幸存者。

安德鲁：你是。

西摩：我总是以为我要死了，又总是活了下来。总之，我退役时对自己说：我若不挑战自己、去一些重要场所演出，就不能精进我的演奏。因此我做了两件事：第一，我报名参加了在法国枫丹白露（Fontainebleau）举办的夏季钢琴讲座，克利福德·柯曾将给大师班上课。第二，我租下了纽约市政厅，准备1954年1月在那儿举行我的首演。我父亲支付了全部费用。由于我当时在新泽西州很有名，市政厅音乐会的票售罄了，票价卖到了50美元。我一向崇拜克利福德·柯曾。他是我最热爱的艺术家之一。崇拜他的不止我一个，几乎所有的钢琴家都崇拜他。

啊，安德鲁，你是否认为：我从军队退役后，已准备好在纽约市的首演了呢？当然没准备好。但我若不把首演日期确定下来，便不会想要每天练琴八小时，让我的演奏水平至少恢复到我应征入伍前的状态。所以，我把这些挑战强加给了自己。

我去了枫丹白露，克利福德·柯曾事先确定了授课曲目表，即他的授课提纲。所有的学生都要从那份曲目表中选定两首乐曲。据说，对不在那份曲目表上的曲子，克利福德爵士一概不听。我选了贝多芬的《皇帝》钢琴协奏曲和勃拉姆斯的《E大调间奏曲》，作品116号之四[1]，那是心灵的呼喊。其实，克利福德爵士还有时间再听一些曲子，所以我又弹了李斯特的《侏儒舞》，就是我为鲍德温钢琴公司首脑弹过的那首辉煌作品。

大师班的第一堂课开始了。上课的地点在枫丹白露宫的一个名叫 *Salle du Jeu de Paume* 的建筑内，即当年拿破仑打网球的室内网球厅。它是一个庞然的大厅，其一面有极为精美的玻璃窗，向上延伸到天花板。大厅一头有个平台，上面摆着两架三角钢琴。娜迪亚·布朗热[2]、全体教师和全体学生都在大厅里。克利福德·柯曾登上平台，人们高声欢呼。他转身对观众说："我收到了一份想为我演奏的钢琴家名单。从我寄给你们的曲目表里选定乐曲的，只有两位学生。所以，我只想明天再听其他学生的演奏。"啊，安德鲁，这番话激起的嗡嗡抗议声，太令人震惊了。一些认真的钢琴家花了重金，就是希望自己能在那些大师班里演奏。不顾柯曾列出的曲目表，这分明就是他们的傲慢。那一刻，被允许为克利福德·柯曾演奏的，只有另一位女孩和我。

安德鲁：你跟他初次见面时发生了什么？他是怎样听你演奏的？

西摩：莫急，亲爱的，待我告诉你。克利福德问我是否愿意为他弹奏《皇帝》协奏曲第一乐章。所以，我就请另一位钢琴家（一位学生）弹奏协奏曲的管弦乐部分。那天大部分时间里，我都在那个网球厅独自练琴。《皇帝》协奏曲第一页曲谱上的降 A 音和降 B 音都有颤音（trill）。我想我从没弹出过那么辉煌的颤音。我认为，我是因为想到了自己在为克利福德·柯曾演奏才有了灵感，他对《皇帝》协奏曲的演奏是传奇性的。我弹颤音时，不知为什么引起了网球厅中的振动，我听见了一声破碎声。颤音的共振竟然震碎了一块窗玻璃！顺带说一句，两年后我重返那个网球厅时，那个玻璃窗仍是破的。

表演的日子到了。克利福德·柯曾和娜迪亚·布朗热走进了听众席后部。我坐在台上，尽力镇定下来。我弹完第一乐章，听众鼓起掌来。坦率地说，我当时认为那很让人讨厌。但让我意外的是，柯曾走过来说："整个表演连一个沉闷的音符都没有。"接着，他开始指导我。我紧张极了，耸着肩膀，因此他做的第一件事就是站在我背后，拉我离钢琴远些。这样一来，我便更能伸展双臂了，于是我开始弹奏，而我从没像那样弹过。我想：我终于在上一堂真正的钢琴课了。当然，柯曾作了示范。他的演奏极其灿烂辉煌，使我几乎晕厥。然后，他指导我弹奏那首间奏曲和《侏儒舞》。那是我一生中获得的最大启迪之一。

那天傍晚，我在枫丹白露的大街上见到了柯曾，便问他是否可以跟他学琴。出乎意料的是，他说："哦，我打算明年暂停演出活动。所以你可以到伦敦来，我可以给你上六个月的课。"

安德鲁：天哪，他同意亲自教你六个月。

西摩：正是这样。因此我开了演奏会，争取到了"玛莎·贝尔德·洛克菲勒（音乐）资助金"（Martha Baird Rockefeller Grant）。那笔钱很多，用作我的旅费和生活费。我又向我父亲要了一些钱，因为我预料那些钢琴课的学费会很高。你看，安德鲁，钱是建立我和父亲和谐关联的唯一语言。我想我父亲很可能以为，他至少能用钱买到我对他以往过失的原谅。但事实是：我上完第一堂课，正想交学费，柯曾一字不差地对我说出了亚历山大·布莱洛夫斯基[3]说过的话："对不起，我不是在教课。所以我不收学费。"

我刚到伦敦时，柯曾告诉我该坐哪一班地铁。他开着敞篷车，在地铁的另一头接我。那时我觉得自己就像在一部电影里。他开车带我去了他那座壮观的大厦，他在其中建了一个带顶篷的音乐厅。音乐厅里并排摆着两架三角钢琴。

那个音乐厅无比壮观。上第一堂课之前，我环顾四周，见到一个有灯光的柜子，上面放着一只手的石膏模型。我问他那是谁的手。他让我坐在椅子上，从柜子上拿起那只手，放在我的腿上。

"猜猜这是谁的手。"他目光炯炯地问。

我注意到那只手的手指纤细，手也并不很大，便说："这是女人的手。"

完全出乎我的意料，柯曾告诉我那是肖邦的左手。他对我说，它是肖邦去世后从遗体上翻下来的，其拥有者是一位有钱的女人，她把这个石膏模型赠给了柯曾，以表达对他演奏的赞赏。你知道，安德鲁，我在纽约市有它的一个复制品，但不是原物。

接着，柯曾便给我上课。我无法对你描述那些课程的情况，无法言喻。

安德鲁：试着描述其中一堂吧。

西摩：嗯，第一堂课学的是勃拉姆斯的《d小调协奏曲》[4]，那是浪漫派音乐的杰作之一。很多音乐家都认为，克利福德·柯曾演奏这首乐曲的录音是权威性的诠释。

安德鲁：噢。

西摩：乐曲开头——

安德鲁：我听过他和朱里尼[5]合作演出的《d小调协奏曲》，至今还记得他戏剧性的热情演奏给我带来的激动。

西摩：你听过他演奏那首乐曲的录音吗？

安德鲁：壮丽辉煌。

西摩：那个录音被认为是历来最好的。

安德鲁：我能理解为什么。

西摩：那首作品，还有一些像《皇帝》协奏曲、勃拉姆斯的《d小调协奏曲》和莫扎特钢琴协奏曲那样的作品，他的演奏都是史诗般的杰作。

安德鲁：当然还有舒伯特。柯曾以演奏舒伯特晚期钢琴奏鸣曲闻名。我听说，柯曾在其演奏生涯末期，在牛津大学谢尔登尼剧院（Sheldonian at Oxford）演奏了《降B大调奏鸣曲》[6]。演奏完了，谁都不能鼓掌，因为那首乐曲太崇高了。

西摩：对，他正是这样。

安德鲁：因为他用他的音乐创造的心灵静穆，达到了那么非凡的深度。

西摩：对。

安德鲁：你上的第一堂课是学习勃拉姆斯的《d小调协奏曲》。

西摩：对。我们在两架钢琴上弹奏。柯曾示范了开头部分的那些六度和弦。很难把它们连奏（legato）出来。我尽量模仿柯曾的弹法。我们在一小时内弹的乐曲，从没超过四个小节。柯曾的手突然离开了钢琴，他说："你看，老弟，你跑了3 000英里来跟我学琴，可我使你把钢琴弹得更糟了。"

这番话难道不可爱吗，安德鲁？真实情况是，我的演奏的确越来越差了，因为我想做出改变，却还没弄清如何有效地采用柯曾的建议。我学得很吃力，但柯曾一直对我和颜悦色。

第二堂课结束时，他告诉我："关于你下一次的课，我想一次教你贝多芬的两首奏鸣曲。下个演出季，我将在纽约市演奏贝多芬作品111号[7]，你学过它吗？"

我告诉他，我正巧要给他弹这首作品。

"很好。现在先弹另一首吧，那首比这首更早。"

我选了31号奏鸣曲之二[8]。那堂课从上午10点开始，最先弹的就是那首作品。几小时后，我们开始学习作品111号。开头部分是只用左手弹出几个八度强音，再跳到一个减弱的七和弦上。我总是弹不好那个跳跃，因此我把前两个八度音分给了两只手。换句话说，我用右手弹降E调八度音，用左手弹升F调八度音。同时，我还模仿出了单手弹奏时应有的音强。至少我认为自己是这么做的。

柯曾对我说："老弟，你在干吗？让一切事情都显得容易，你总有一天会趴在钢琴前面。"他的意思是，我若不断地把难弹的段落弄得容易些，就会失去面对日后挑战的自律能力，而这会使我渐渐地惧怕钢琴。

那堂课上到一半，他突然说："顺带说说，我有个很好的诺尔曼人名字，就是克利福德。所以，别再这么叫我'柯曾先生'了。"对他直呼其名，这使我很为难。但时间一长，我还是用了那个称呼。

回到作品111号的开头部分上："克利福德，我总弹不好第二个八度音！"

"嗯，这岂不太糟了吗？学会弹好它吧。"

因此我们接着上课，不再讨论那个问题。我现在要告诉你的东西，只能被看作一个启示。作品111号的第二乐章（我称它为"地球末日"），是音乐史上最深刻的作品之一。你知道，作品111号只有两个乐章。你知道贝多芬的学生辛德勒[9]吗？

安德鲁：那个讨厌的、说谎的辛德勒。

西摩：对。辛德勒写的很多东西都不真实。总之，他问贝多芬："大师，你不打算给作品111号写个第三乐章吗？"

听到自己的学生提出如此愚蠢的问题，贝多芬想必是崩溃了。贝多芬知道，辛德勒并不理解：作品第111号最后的C大调和弦，已结束了这首奏鸣曲，于是答道："我没时间写。"

托马斯·曼的小说《浮士德博士》[10]对作品111号作了惊人的描述。小说里的克雷齐马尔（Kretzschmar）教授给学生们上课，示范弹奏了这首作品，弹奏了那些无穷无尽的颤音，他称之为"颤音链"（chains of trills）。那些颤音没完没了。我突然见到了一个三重颤音（triple trill），就是说，你必须同时弹出三个声部的颤音。最后，我用右手继续弹奏颤音，上行到那个三重颤音，进入了天堂[11]；与此同时，左手逐步下行到低音区。现在，两只手之间离开了五个半八度，那些颤音停止了，出现了一些长音，使我们暂停下来。安德鲁，怎么对你说呢？我当时第一次发现自己做出了那个姿势，便哭着想："我被钉上十字架了[12]。"

我毫不怀疑，贝多芬确实使我们不得不做出被钉上十字架的姿势。那一刻双手相距最远，贝多芬使用了"渐强"（crescendo）这个术语。我演奏音乐以来，唯有那次我在心里说：抱歉，宝贝儿，我不想弹渐强。我知道你要求我那么做，我知道你是谁，你是路德维希·凡·贝多芬，可我弹不出渐强。我毕竟被钉上了十字架。我不得不做截然相反的事，那就是弹出渐弱（diminuendo）。我弹给克利福德·柯曾的，就是渐弱。他让我停了下来，对我说："老弟，你在干什么？"

我说："克利福德，别骂我，我知道有个渐强，可我弹不出来。"

"老弟，我知道你为什么弹不出来，但你不必弹出明显的渐强。你只要保持原来的音量就行。"

"不行，克利福德，我保持不了原来的音量，我只能弹出渐弱。我弹不出渐强来。"

"西摩，你怎么这么固执呢？"

我说："啊，克利福德，我知道我不怎么听话。"

克利福德烦了，说："咱们继续吧，我不想再谈这个问题了。"

安德鲁，告诉你吧，我一讲到这个故事的关键点，总是会起一身鸡皮疙瘩。我欧洲首演之后，回到了纽约市，看见我的门前有一个包裹，是我的朋友希拉·阿尔登多夫（Sheila Aldendorf）寄来的。我打开包裹，看见了贝多芬作品111号手稿的一份复印件。看着这位大师这部作品的原稿，我肃然起敬。我禁不住想看看贝多芬在第二乐章"被钉上十字架"那一刻都写了什么。我翻着乐谱，越来越接近我说的那几个小节，双手不由颤抖起来。接着我瞥见：贝多芬从手稿上删去了"渐强"这个词。我马上给伦敦打电话,把这个发现告诉了克利福德。他根本不信,就像我起初那样。他感谢我把这个新发现告诉给他。

次年,克利福德来到了纽约市,在亨特学院[13]举办独奏音乐会。他先弹了作品111号。他只用左手弹出了开头部分的几个八度音,又很自然地用右手在黑键上弹出了第二个八度音,而我以前也总是决定用两只手弹出那段音乐。我心里说:你这个固执的家伙。你看见了吗?你本该坚持认为贝多芬规定了只用左手弹,而此刻你却在你的表演中下"集结棋"[14]。

克利福德恪守他自己的原则:若是贝多芬写明了只用左手弹出那几个八度音,他就照办。我注意到,我跟他上课学琴的过程中,他这种固执贯穿始终。他常常弹错一些段落,因为他不肯像霍洛维茨[15]那样,把它们重新分配给两只手去弹,也常常意识不到自己弹错了。

安德鲁:你和克利福德的关系令人非常感动,因为他成了你的老师,你也成了他不可缺少的人。他要求你认真注意他是怎么弹琴的,好帮他弹得更好,是这样吗?

西摩:正是这样,安德鲁。其实,我在他生活里起了很重要的作用。克利福德每过两年都到美国来。他总是在纽约市演出钢琴协奏曲,有时也开独奏音乐会。只要他在纽约市,我每晚都能在斯坦威钢琴中心的地下展厅见到他。我演奏他预定演出曲目中协奏曲的管弦乐队部分,然后我们一起吃晚餐。我总是给他带鲜榨橙汁,那是他最爱喝的饮料之一。你知道，他有时也很难相处。他常会突然无端地发火。例如，我的头发被外面的大风吹乱了，他就会大叫："瞧你的头发！你简直就像一只鹦鹉！"还有些时候，我听见他恶骂他的经理人，甚至恶骂一些指挥，让我觉得他精神分裂了。我还知道，他每次演出都非常紧张。我非常喜欢他的公开演奏。我可以告诉你：他在斯坦威钢琴中心地下展厅弹奏时，我从来、从来都没听到过那么权威性的演奏。那的确是卓越无比。

一天晚上，他弹奏莫扎特第488号作品[16]，其间突然停下来问我说："你觉得那个乐句我弹得怎么样？"我吓得身子直往后仰。我这位导师真的要我批评他吗？我没说话，可他又说了一遍："认真点儿，西摩，你认为我弹得怎么样？"批评我的导师，我感到既困惑又为难，但我还是跟他讨论了那个乐句，建议说高潮也许在另一个调上。你知道，安德鲁，当晚他在卡内基音乐厅演出时，就按照我的建议弹出了那个乐句。从那以后，我这位导师就很喜欢当学生了。

还有一些时候，他要跟丹尼尔·巴伦博伊姆[17]指挥的乐团合作演出。排练时，他让我坐在卡内基音乐厅的一个包厢里，把全部乐谱放在我腿上，给了我一支铅笔，说道："听我说，把你想到的一切都写下来。"排练中间休息时，克利福德要我走上舞台，对我说："现在给我看看你在乐谱上写下的所有评论吧。"我照办了。当晚演出中，他又一次按照我写下的那些建议弹奏了乐曲。

一次吃晚餐时，克利福德告诉我：他和我对音乐的反应相近；他听我在枫丹白露弹琴时，马上就知道了这一点。接着，他对我大加称赞："你知道，老弟，那天我对露西尔（Lucille）说，若让我选徒弟，你就是我唯一考虑的人。"知道了我的导师对我的评价那么高,我只觉得满心感激。

安德鲁:他说你和他对音乐的反应相近,对此你怎么想?

西摩:他也认为自己"被音乐演奏了"。

安德鲁:我想还不只是这一点。你们还有更深刻的相似点,因为你还不知道:克利福德·柯曾是我年轻时最喜欢的钢琴家。我从大约16岁到26岁,只要可能,我就去看他的演出。

西摩:啊,真令人吃惊。

安德鲁:我那么做的原因是:我在他的演奏里听到了三种东西,而我在其他任何人的演奏中都没听到过它们。我听到了完美的天衣无缝,万物彼此相连;我听到了半透明和全透明的美妙声音,每个声部都弹得精致而准确;我还听到了某种难以言喻的东西,那是一种内在的诗意,令人着迷,把万物连在了一起。在你的演奏中,我也听到了这些声音。我第一次听你演奏时,并不知道你是克利福德的学生。当时我就想到了克利福德·柯曾,因为50年之后,我又在你的演奏中感到了年轻时听他演奏时的感觉。

西摩:这太有意思了。你听说我是他的学生,吃惊吗?

安德鲁：我非常吃惊，但回想起来并不觉得意外，因为我想：真正的创造性人生中最非凡的事情之一，就是命运相同的人彼此结识、互相帮助。这些人气质的一些秘密方面，使他们走到了一起。

西摩：妙极了，妙极了。

安德鲁：我那些伟大导师都是这样。我不想一一讲述他们，但我的那位克利福德·柯曾，却是一位伟大的本笃会神秘主义者（Benedictine mystic）。他就是比德·格里菲思神父[18]。他是20世纪最伟大的基督教神秘主义者。我认识他时，他已经八十多岁了。我们之间的关系，最能使我们彼此改造。

西摩：太神奇了。

安德鲁：表面上，比德和我是非常、非常不一样的人，但很多的东西、我们气质的很多方面，却把我们连接了起来。随着岁月流逝，那些东西变得更清楚了。

西摩：太美好了。

安德鲁：所以，他和我的关系就像克利福德和你的关系，而这是由于这些微妙的内心关联——就是歌德所说的"选择性亲和力"[19]，即或者幻想的亲和力，或者激情的亲和力，或者气质的亲和力，或者

215

所有这三种要素的亲和力。这种内心关联能把与它们共鸣的人们神秘地吸引到我们身边，所以能帮我们更丰富地感受这种关联，更深刻地发展这种关联。回来说说克利福德吧。我很想知道你们的关系是如何发展的。你是否总是设法克服跟他互动中的困难？你是否曾经不得不真的和他分开呢？

西摩：出于一些个人的原因，其实很难跟他一起生活。这个问题很严重，使我不得不去请教我的一位心理学家朋友："我必须决定，是中断这种关系，从此失去跟我认识的这位最伟大音乐家学琴的机会，还是为了能跟这个人学音乐而忍受下去。"我决定采取第二个决定，因为没有克利福德给我的灵感，我便活不下去。因此，我必须容忍他那些很难对付的情感爆发。

安德鲁：克利福德让你吃了不少苦头，但即使如此，他显然也给了你无价的礼物。你从他那里得到了什么？你想到他时，会想到什么钢琴技巧的幻想（vision of pianism）呢？

西摩：安德鲁，你在这个问题里用了一个惊人的短语："钢琴技巧的幻想"。克利福德演奏时似乎怀有某些幻想。也许更准确的说法是"美的幻想"（visions of beauty）。他总是尽量忘掉自己是在演奏一台机器。其实，他是我知道的唯一演出时坚持把谱台放在钢琴上的钢琴家。我问过他为什么如此，他回答说，他演奏时很不喜欢看见琴槌和制音器在钢琴里运动。总之，他的幻想就是把一种敲击乐器变成人声乐器。其结果就是对各个乐句的复杂诠释，但这并非在说或在想：
"现在这个音要稍微响一点儿，这个音要比那个更响，现在下一个音要稍微轻一点儿。"你决定了怎样诠释某段音乐，便会设计出具体的演奏法，而再想之后，你可能改变原先想的奏法，但关键是你是怎么做出那个决定的。克利福德和我一起做出那种决定时，正像我前面说过的那样：是音乐告诉了我们该怎么做。

这又带来了另一个重要问题：音不是可以高一点儿或低一点儿吗？通常，音越高就越响。但无论在什么情况下，克利福德和我总是有一种避开高音的本能。有一次，我听见克利福德在枫丹白露对一个学生说："你必须认真克服这个难点。你不能这么轻易地弹高音。你必须装作很难弹到高音，就像歌唱家唱高音那样。"这正是我以前说过的：我们都会用我们的嗓音（vocal chords）感受音乐。其实，克利福德弹琴时真的发出过声音。他正是因为用嗓音感受音乐，才常会发出"呲——"（tsssssss）或"哧——"（chhhhhhh）的声音。你知道，所有伟大的钢琴家都总是建议我们弹琴时模仿歌唱家。但遗憾的是，我们无法像歌唱家那样，在同一个音上奏出渐强和减弱的变化。[20]克利福德常说："优美地演奏钢琴，这需要幻想。我们能在一个长音上创造出渐强，办法就是用伴奏音型弹奏渐强，同时把我们的身体轻轻移向键盘。"

安德鲁：你们简直就是魔术师！

西摩：安德鲁，我们现在要说到深深的悲哀了。一天，我听说克利福德病得很重，得了血液病。我吓了一跳，给他打电话说：

"克利福德，你病了？"

"对，西摩，我病得很厉害。我得了血液病。"他又说："你为什么给我打电话？你是怕我死吗？"

我说："是。"

"哦，"他假装愉快地回答说，"你我都注定会死，老弟。"

他的答话里有某种不祥之兆。我知道情况很严重。不久之后的1982年9月1日，他去世了。他活了75岁。

安德鲁：但我最喜欢的故事之一，却是你设法为他争取到爵士身份的故事。你一定要给我讲讲。

西摩：啊，这太有意思了，嗯……

安德鲁：因为他去世时，毕竟已是克利福德爵士了。

西摩：对，这对他非常重要。有一天，我给伊丽莎白女王写了一封信。我以前从没给一位女王写过信，所以不知道在信中该怎么称呼她。我写的是"尊敬的陛下"，但我知道恰当的称呼应当是"陛下"或者"夫人"。安德鲁，这么称呼不对吗？

安德鲁：我说不准。我必须复习一下我的宫廷礼节知识了。

西摩：写完那个开头，我接着写道："我们在美国的人想知道，克利福德·柯曾为何尚未像所有受封为爵士的英国杰出艺术家那样，受封为爵士。我们在美国的人非常喜爱他的演奏"，如此等等。我签上了自己的名字，写上了收件人："伦敦白金汉宫，伊丽莎白女王。"写这封信只是一时心血来潮。我不知道这封信会不会呈给女王。圣诞节前后，各种有意思的信封塞满了我的邮箱。但我看见了一个很显眼的信封，一个美丽的白色信封，背面盖着红色的皇家盾形纹章。啊，我想，有人给我寄来了一张非常漂亮的圣诞贺卡。我打开信封，其中的信上写着："女王陛下已命我将您的来函转给了首相。"签名是伊丽莎白女王的秘书。我被吓蒙了！我那封信得到了认真对待。一个月后，克利福德给我打电话说，他受封为爵士了。他若知道我跟此事有任何瓜葛，一定会在林肯中心建个断头台，砍掉我的脑袋。我那封信是否在他受封爵士这件事上起了作用，或者这是不是个巧合，我无法确定。

安德鲁：这个故事很美好，因为它讲了一个学生做出疯狂之举，呼吁上天赞美他的老师，而上天竟做出了回应。我喜欢这个故事。

西摩：我知道。我也喜欢它。

注释：

[1]《E大调间奏曲》(*Intermezzo in E Major*)：勃拉姆斯1892年的钢琴曲集《幻想曲》(*Fantasien*, Op. 116) 七首中的第四首，柔板。该曲集包

括三首随想曲和四首间奏曲。

[2] 娜迪亚·布朗热（Nadia Boulanger，1887—1979）：法国著名音乐教育家，其母为俄国公主。她1920—1939年执教于巴黎音乐师范学校。1921年法国枫丹白露的美国音乐学院成立后，她应聘讲授作曲法与配器法；1949年起任该院院长。

[3] 亚历山大·布莱洛夫斯基（Alexander Brailowsky，1896—1967）：俄国钢琴家，以演奏肖邦作品闻名。

[4] 《d小调协奏曲》（*d-minor Concerto*）：即《d小调第一钢琴协奏曲》，作品第15号，勃拉姆斯作于1858年。

[5] 朱里尼：全名卡尔洛·马利亚·朱里尼（Carlo Maria Giulini，1914—2005），意大利指挥家。

[6] 《降B大调奏鸣曲》（*B-flat Major Sonata*，作品D960）：舒伯特最后一首钢琴奏鸣曲，四乐章，作于1828年。

[7] 贝多芬作品111号：即贝多芬《第32钢琴奏鸣曲》，c小调，作于1819—1822年间，共两个乐章。

[8] 31号奏鸣曲之二：即贝多芬《降A大调第31钢琴奏鸣曲》，作品110号，作于1821年，共三个乐章，第二乐章为谐谑曲，f小调，极快的快板。

[9] 辛德勒，全名安东·费利克斯·辛德勒（Anton Felix Schindler，1795—1864），贝多芬的助手、秘书，出生于摩拉维亚，原为律师，曾为乐队首席小提琴，1814年结识贝多芬，1822年住进贝多芬住所，做义务秘书，直到1825年。他著有《贝多芬传》（1840），但他对贝多芬的诸多记述引来了很多质疑。

[10] 托马斯·曼（Thomas Mann，1875—1955）：德国著名作家，1929

年诺贝尔文学奖得主，其晚年的长篇小说《浮士德博士》（Doktor Faustus）作于 1943—1947 年，以回忆录的形式描写了德国音乐大师阿德里安·莱沃库恩（Adrian Leverkühn）的悲剧人生。小说第八章描述了贝多芬作品 111号，即《第 32 钢琴奏鸣曲》。

[11] 比喻在钢琴键盘的高音区弹奏。

[12] 此处所谓"被钉上十字架"（crucified）并非指耶稣蒙难，而是描写左右手在钢琴键盘上相距五个半八度时的姿态，即很像伸直双臂、被钉在了十字架上。

[13] 亨特学院（Hunter College）：即纽约城市大学（The City university of New York）亨特学院，美国最古老的公立学院之一，成立于 1870 年，位于曼哈顿。

[14] 下"集结棋"：原文是 made scrambled eggs，但其意并不是"摊鸡蛋"。在美国城市俚语中，它指的是一种棋盘游戏"集结棋"（Lines of Action, LOA）。该游戏由两人参加，以一方先将棋子排成一列为胜。故此句是说：克利福德的两只手并作一排，分别弹出了乐曲中的那几个八度音。

[15] 霍洛维茨（Vladimir Horowitz，1904—1989）：俄裔美籍钢琴家。又见本书第二部分"音乐"。

[16] 莫扎特第 488 号作品：即《A 大调第 23 钢琴协奏曲》，作于 1786 年。

[17] 丹尼尔·巴伦博伊姆（Daniel Barenboim，1942 年生）：阿根廷钢琴家、指挥家，出生于阿根廷，为第三代俄国犹太裔移民，1952 年移居以色列，为 20 世纪最杰出音乐家之一。

[18] 比德·格里菲思（Bede Griffiths，1906—1993）：又名斯瓦米·达雅南达（Swami Dayananda），英国罗马天主教本笃会僧人、神学家、瑜伽修

221

行者（Yogi），出生于英国，有英国和印度国籍。

［19］选择性亲和力（elective affinities）：见歌德 1809 年发表的小说《亲和力》（*Die Wahlverwandtschaften*）。

［20］钢琴发音的颗粒性会使其长音自然减弱，因此很难像人声那样在长音上做出渐强和减弱的变化。

10. 日常教学实践

安德鲁：西摩，给我讲讲你的教学经历吧。你每天怎样教学？教学是否变成了消耗你精力的事情？你的学生们每天对你提出的要求，是否给了你压力？

西摩：我的很多同事都告诉我，他们结束一天的教学时都筋疲力尽。他们准备上床去睡觉。我说："真的。我结束授课时，比我开始上课时更有精神。我的精力更多了，觉得自己更有活力了。我还准备再多跳跳舞呢。"这是因为，我帮助我的学生们增强自信，我也在其中获得了极大的快乐。他们走出我的房门时，我能看见他们与进门时大不相同。他们受到了启示，对自己更有信心了。他们享受了一个半小时的爱、无条件的爱。我心中只有一个愿望，那就是使他们更好，接受他们的缺点，但最重要的是重视他们的资质，使他们在已有的基础上有所提高。这让我在一天结束时感到精力充沛。我不能说每一天都是这样，因为并非每一个学生都能做出响应。我有时不得不放弃某些学生，不再教他们。我看不透他们，无法改变他们，我的教学只会毁掉他们。

安德鲁：所以，作为老师，你必须很有分辨力。首先你必须做到彻底谦逊，才能了解你自己的教学才能如何，你不可能成为每一个人的老师。

西摩：当然。

安德鲁：你确实必须知道的第二件事，就是一些找你学琴的人会怀着不良目的，哪怕连他们自己都不知道。但你必须意识到这一点，因为它很可能不知不觉地毁掉你的才能，毁掉你必须赠给别人的那些礼物。

西摩：你说得太对了。因此，自我保护必须在这里发挥作用。

安德鲁：西摩，你这么豪爽，这么富于爱心，你是怎样保护自己的？你保护自己的策略是什么？

西摩：当我把自己最好的东西给予学生，他们却没有回赠我对他们的善意，我便会警觉起来，一课一课地等待，看他们是否会改，看是否有迹象表明他们领会了我为他们做的事情。我完全相信：任何一种关系中，互惠之外的任何东西都是不当的。你不做受赠者，便不能做赠予者，反之亦然。

安德鲁：换句话说，你必须做个舞伴。

西摩：对。我们必须共同设计舞蹈动作。我若做不到这一点，就必须改变自己的做法。例如，我虽然从事教学这么多年，现在还是在摸索新教法。我从 15 岁开始教学，现在已经 88 岁了；顺带说一句，如今我的教学活动比以前更多了。那么，从 15 岁到 88 岁意味着什么？

安德鲁：其间过了 73 年。我若请你在 88 岁时说说，你曾见到某位学生发生了一次真正非凡的变形，从非常腼腆和烦乱，一变而为十分清醒和忘我——

西摩：理查德·舍克（Richard Shirk）。

安德鲁：啊，给我讲讲他吧。

西摩：哦，他去世了，真令人悲伤。他有耳鸣的病，做手术切断了耳中的一根神经。他住院时，他们把他杀了。他们无意中给他吃错了药。他成了植物人，后来死了。

他第一次来上课时，完全是一塌糊涂。他虽然极有才能，却不能约束自己好好练琴。我每个月都给学生上一堂演奏课："理查德，我要你弹你的贝多芬协奏曲第一乐章。"当时我们正在上课，"理查德，现在该你演奏了。"

"不行,我没准备好。"

一个月以后,"理查德,我这儿有你最喜欢的巧克力。你若把你的贝多芬协奏曲第一乐章弹给我听,我就把巧克力给你。"

他弹了。

安德鲁:令人惊讶。

西摩:我发现他很喜欢吃某种意大利腊肠,扎巴尔超市[1]有卖的。因此,我去了扎巴尔超市,买了四分之一磅的那种腊肠。下一节课上,我用腊肠诱导他:"你知道我厨房里给你准备了什么吗?给我弹肖邦的《幻想曲》,你就会得到你最喜欢的意大利腊肠。"他弹奏了肖邦的《幻想曲》。为了教育他,我利用了这一类的假奖赏。

后来,最好的事情发生了。他报名参加了"莱谢蒂茨基首演竞赛",获奖了。奖励是在塔利音乐厅[2]的首演。他以前非常神经质,但这一次他领会了我教给他的一切,还把它们转变成了细节,竟使我无法再回答他提出的问题。例如,他打算首演时先弹贝多芬的《钢琴奏鸣曲》,作品110号[3]。那首作品以一个四声部和弦开始。他给我打电话,每次都要说一个小时:"真的,那个和弦的高音部应该最响,是吧。"

我说:"绝对应该。"

一个小时后:"哦,低音部和中音部的音量是应当相同,还是中音部要比低音部轻一些呢?"

我说:"理查德,我甚至不知道该怎么回答你。我看,高音部之外的声部都应该弹得轻一些。"

"你是说,它们的力度都一样吧?"他十分慌张地问。

"理查德,你走得太远了。你这是要脱离作品本身,去分析作品110号。快别这么干了。"

那场音乐会取得了辉煌的成功。他成了你能想象的最令人敬畏的钢琴家之一。我从最初见到那个跟音乐格格不入的他,就料到了这个结果。我想,我必须在他人生的每一个阶段激励他。但他及时地给我带来了新的演奏曲目,他用天性的表现演奏了它们。我帮助他从他心中抽取出了最深刻的音乐感觉。

安德鲁:所以说,这个漫长过程唤醒了他心中的某种东西。

西摩:我排除了窒息他天生音乐直觉的一些障碍。那些障碍可能是心理方面的,可能是身体方面的,可能是智力方面的,也可能同时是这三个方面的。我不知道是怎么回事,但他突然之间就变成了自然的、富于表现力的钢琴家。我圈子里和他圈子里的每个人都知道这一点,也承认这一点。他是一位令人敬畏、最不同寻常的教师。他的学生崇拜他。我们目睹了他的生与死。我悲痛万分。

安德鲁:我们谈论很多的事情是:许多音乐家踏上从事音乐之路时,并没有怀着你所说的"美的幻想"。

西摩:的确如此。他们机械地制造音乐,因此便出现了所谓"哗众的技巧"（showmanship），就是坐在钢琴旁边，当众演奏音乐，心里想着"你们看我多有本事"。很多表演者非常看重观众的喝彩，非常看重自己能吸引大量观众。他们觉得，观众席上的人都是聚到一起来向他们致敬的。

我现在要概括地说一句：许多人做事的理由都不正确。例如，我有些从学院毕业的学生，我问他们有什么计划。

"我想去找我的导师。"一个学生说。

"你为什么要去找你的导师？"

"嗯，啊，我不这么做就得不到好工作。"

"你为什么认为，你去找了导师就能得到好工作呢？你不知道竞争是什么样吗？即使一个博士，都要跟至少500个人竞争，才能申请到某个不知名城市的一所小型大学的工作。难道这就是你的人生计划吗？"

若某个学生对我说："我想去找我的导师，因为我想继续发展我的头脑。"我便会说："你很勇敢。"但是，举例证明读取学位的唯一理由是有机会挣到更高薪水，这本身就是十足的自毁之举。

安德鲁：我想回过来谈谈音乐家的一种悲哀，那就是他们不懂得：他们从事音乐，其实就是转变他们自己，学会怎样与神秘的生活共舞。

西摩：对。

安德鲁：很多最伟大的钢琴家都心理不正常，人格不完整。在我们这部纪录片里，你多次谈到了格伦·古尔德[4]，因为在你看来，格伦·古尔德虽然是天才，却显然是把所有被你看作错误的演奏方法集于了一身。

西摩：是这样。但我认为他是个例子，说明了一个人的神经质天性会对他的演奏产生负面影响。你知道，他有很多追随者。他们准备向我进攻。在美国的不同地方，尤其是在加拿大，我参加"问答访谈"时，常有某个听众站起来向我提问："你为什么提到格伦·古尔德的那些事？我认为他演奏的巴赫很有启发性。"我说："我发现你的反应很有意思，但你是否同意：对作为个体的艺术家，我们都有各自不同的反应？很遗憾，我不认为他演奏的巴赫具有启发性。"那个人坐下了。

我们现在讨论一下：究竟是格伦·古尔德的神经质天性对他的演奏产生了负面影响，还是他的神经质演奏对他的天性产生了负面影响？也许两者兼而有之。在这部纪录片里，伊桑提到了一些伟大的音乐艺术家和表演艺术家，而在个人生活中，他们都是怪物。他想知道：非凡的才能里是否包含着能对心灵产生负面影响的东西。我可以给你讲讲另一个属于此类的人吗？

安德鲁：可以。

西摩：克利福德·柯曾。

安德鲁：他绝对是这种人。

西摩：他是顶尖的艺术家，也是个落魄者。我是这样想的：我相信，把成为伟大艺术家所需的全部积极成分集于一身，这个过程总是不会自动产生。许多艺术家都有意识地关注这个过程，并且可以说，他们也把他们来之不易的艺术成就引进了他们的日常生活。其中有很多困难：一些艺术家甚至不知道自己有可能做到这一点，另一些像克利福德·柯曾那样的艺术家则不希望这么做。当年，我告诉克利福德爵士：我正在写《用你自己的双手》那本书，其中提出：富于成效的练琴和表演能使我们成为更好的音乐家，但更重要的是，能使我们成为更好的人。他对我说："这太有意思了，老弟。我一直尽量使我的艺术不受我的社交生活的污染。"换句话说，他当时正在努力实现我建议你避免的艺术与生活之间的那种划分。作为艺术家的克利福德·柯曾，作为人的克利福德·柯曾，两者不应该有区别。

安德鲁：显然，他被自己个性的一些方面吓坏了，所以想保护作为艺术家的克利福德，不让他受到作为人的克利福德的伤害。

西摩：可他从没想过：作为艺术家的克利福德可以改进作为人的克利福德，与他谐调起来。我那本书讲的就是这一点。我认为这部纪录片讲的也是这一点。

安德鲁：你为什么认为人们对此一无所知？

西摩：我说不出理由。一个接一个的例子都证明：最神经质的人都是顶尖的艺术家。伊桑提到过其中一些，其中包括演员。

安德鲁：你生活的一部分意义，就是体现艺术和生活的这种整合。我认为，这就是你当年告别音乐会舞台的最深刻原因之一，因为从某种意义上说，你一定知道了一点：你若继续那种生活，它就会毁坏你，使你变得极度神经质；若是那样，你虽然也能继续演奏得极好，但你的生活却已被毁掉了。

西摩：我现在可以告诉你：我若继续追求独奏事业，我会早就死了，而那是过度疲劳给我造成的后果。我不在意过度疲劳；我这部纪录片里说过："我愿意为了我的艺术而战斗。"但我不能忍受的，是商业界和靠别人的才能吃饭的经理们的虚伪。我不能理解这一切，不能容忍这一切。

安德鲁：可这带来了一个问题：你是否认为，在名流和名人的疯人院里，能见到我们谈到的这种整合？

西摩：我不这么想，只要艺术家们知道自己能做到这种整合。

安德鲁：你见过吗？

西摩：见过什么？

安德鲁：你见过快乐的、人格完整的著名音乐家吗？

西摩：安东·鲁宾斯坦[5]的个人生活就非常和谐。

安德鲁：你选的例子真完美。这样的人都非常可爱，慷慨大度，善良和谦虚，同时又是非常杰出的音乐家。

西摩：日本索尼公司前总裁大贺先生[6]，是世界上唯一当过专业音乐指挥的执行总裁，你知道吗？通过他的秘书和我的好友小野山广幸[7]，我知道了大贺先生和马友友[8]将合作演出德沃夏克的协奏曲[9]。他们想排练一下，讨论乐曲速度和怎样诠释它。他们需要一位钢琴家，为他们弹奏协奏曲管弦乐部分的缩谱。小野山问我是否有兴趣，我对她说我很愿意帮忙。因此，我买来了这部协奏曲的钢琴缩谱，还有独奏部分的乐谱。我彻底地研究了它，乃至我自己就能弹奏马友友的大提琴部分。我知道每一个音符。我们原定聚会的那一天，马友友因肺炎住了医院。

安德鲁：所以你们没有——

西摩：我们从没聚齐过。

安德鲁：但你见过马友友——

西摩：啊，那太令人愉快了。每次我见到他，他都拥抱我，几乎要压断我的肋骨。他非常外向，非常亲切。

安德鲁：我上过他教的大师班的几堂课。他像你一样，也使他的学生们快乐得容光焕发。

西摩：他爱他的学生。

安德鲁：他全身心地热爱学生，从不要求赞美，从不捉弄学生。他陶醉在教学的欢乐中。

西摩：他本人成了学生。他变得谦虚了。

安德鲁：我还能想到另一位音乐家，他真的会认为你现在说的话是正确的。

西摩：是谁？

安德鲁：耶胡迪·梅纽因[10]。

西摩：我没见过他。

安德鲁：我见过耶胡迪几次。他惊人的英俊。他有过一段非常富有的婚姻[11]。他致力于研究印度宗教哲学，致力于研习瑜伽——

西摩：对，我知道这个情况。

安德鲁：他把这些当作一种方式，它能有意识地把他的全部身心变成乐器。他是个非常、非常不平凡的人。

西摩：你知道他是世界上最了不起的神童之一吗？

安德鲁：知道，我了解他的生活史。他13岁时就和埃尔加本人一同录制了埃尔加的小提琴协奏曲[12]。一年以后，他成了年迈、隐居的威拉·卡瑟[13]的继子。他六七十岁时，与伟大的西塔尔琴演奏大师拉维·香卡[14]合作，倡导了东西方音乐的融合。他一生都在进行全面、勇敢的探索。而更重要的是：他通过音乐，把一生都献给了整个现实世界。这甚至比他是世界上最了不起的神童之一还重要，比他是世界上最伟大的小提琴家之一还重要。

西摩：对。

安德鲁：我想另一位应当是卡萨尔斯[15]。

西摩：他和梅纽因很相似。

安德鲁：我认为，卡萨尔斯不但是杰出的大提琴家，而且极有智慧，理解音乐的普遍意义，一生致力于使自己的心、智、灵、肉都与音乐契合，因此他不但能演奏音乐，而且能以自己的存在表现音乐的灵魂。

西摩：我现在想说两点。一点是关于耶胡迪·梅纽因，他住得离克利福德·柯曾很近。克利福德告诉过我，耶胡迪经常以瑜伽的姿势倒立。克利福德认为那个姿势对颈椎很有害，不赞成那么做。耶胡迪·梅纽因12岁时，就和纽约爱乐乐团合作演出了贝多芬的协奏曲[16]。没有一个神童演奏过贝多芬的那部协奏曲，因为你根本不会把那部作品和音乐神童联想起来。对儿童来说，那部作品太深，理解不了。可是，梅纽因奏完那部作品时，管弦乐队的每一位乐手都哭了。现在该说说他的老师乔治·埃奈斯库[17]的故事了。埃奈斯库从没教过耶胡迪小提琴的基础演奏，因为耶胡迪的演奏技术天生完美。因此，耶胡迪十几岁时，才会在某一天对自己说：我真想知道我是怎么拉小提琴的。啊，他不知道自己怎么拉小提琴，也不知道自己为什么拉得那么好。当他有了自我意识，他的演奏便每况愈下，直到他去世。换句话说，自我意识使他退化了，降低了他作为神童时奉持的标准。他的演奏甚至开始有一点儿走调了，这非常令人悲伤。我认为，他那时正凭借自己获得的全部神秘训练，找出办法以摆脱这种两难境地，希望它对他有所帮助。但他真正需要的却是合理的音乐指导，而他始终没有得到过这样的指导。

安德鲁：多么令人伤心的故事。

西摩：确实如此。现在说说卡萨尔斯的一个故事。他也像数量惊人的演奏家一样，对表演爱恨参半。据他的自传记载，他20多岁时遭遇过一次山崩，山上滚落的一块石头恰好砸中他的左手。当时他正处于事业的高峰期，他在自传中写了类似这样的话："感谢上帝，这样一来，我就不必公开演奏了。"

安德鲁：我想，演奏家大多都对表演怀着矛盾的心情。

西摩：我看你说得对。有了卡萨尔斯那样的故事，也就终于有了真相。那同样是舞台恐惧。几年以前，任何人都不会把它明说出来，因为羞于如此。如今它已成了常识，因为伟大的演奏家们已经把它写了出来。看看伊桑在这部纪录片里如何评论舞台恐惧吧。真该为他喝彩。

安德鲁：对。

西摩：我认识世界上最伟大钢琴家之一的前任经理人。他告诉我："你不会相信他走上舞台之前发生的事情。他必须趴下来，让别人为他按摩后背。他是个落魄者。"

安德鲁：塞西尔·比顿[18]生前，我见过他。他告诉我：玛丽亚·卡拉斯[19]在考文特花园[20]演唱时,把他请到了舞台的侧幕里。他当时想,玛丽亚为什么把我请到侧幕里呢?啊,他发现,这是因为歌剧中的美狄亚正要出场[21]。他看见这位女子浑身颤抖,站在他身边。他突然惊醒了,马上要上场的是卡拉斯,而她却颤抖着对他说:"我上不了台了,我上不了台了,推我一把。"

西摩:天哪。

安德鲁:塞西尔·比顿告诉我,他不得不推了卡拉斯一下。他说那是他一生中最奇特的一刻,因为在那一刻,这个无助的、心慌意乱、不知所措的人,就是卡拉斯。他推她时,亲眼目睹了最离奇的变形。一分钟之后,她伸出了双臂,她作为美狄亚上场的和弦响了起来。这位女子已经变成了那个可怕的女巫。

很遗憾,对你所说的主题,卡拉斯并不是个佳例,因为她虽然是最伟大的艺术家,却在很小的时候就在心理上被摧毁了,并且经历了很多可怕的苦难,悲惨地去世了。[22]我认为:你想学会通过音乐而使人格变得完整,这个幻想就是一种祈祷。你知道自己怀着这个幻想,知道它不可能实现。你见过少数大艺术家实现了这个幻想,但也见过数千学生、数千艺术家也有这个幻想,而它并未实现。所以,我们应当面对一个事实:真正地实现这个幻想,是很罕见的。

西摩:只要能有这种幻想,它就可能变成现实。

安德鲁：我们为此努力吧。只要能有这种幻想，我们就应当真心地争取实现它。

西摩：当然。

安德鲁：对。

西摩：这就是教学的理由。你无法拯救每一个人，但必须尝试一下。我认为，像我这种拥有这么多财富的人，必须和别人分享它们。否则，它们就会在我心中萎缩。

注释：

[1] 扎巴尔超市（Zabar's）：全称"扎巴尔熟食暨美食商店"（Zabar Deli & Gourmet Foods），位于纽约曼哈顿的食品大型超市。

[2] 塔利音乐厅：全名爱丽丝·塔利音乐厅（Alice Tully Hall），纽约林肯表演艺术中心的音乐厅，以其捐建者、纽约歌剧女演员和慈善家爱丽丝·比奇洛·塔利（Alice Bigelow Tully，1902—1993）的名字命名。

[3] 即前文提到的贝多芬《降A大调第31钢琴奏鸣曲》，作品110号。

[4] 格伦·古尔德（Glenn Gould，1932—1982）：加拿大钢琴家，以演奏巴赫、贝多芬、勃拉姆斯的作品著称。

[5] 安东·鲁宾斯坦（Anton Rubinstein，1887—1982）：波兰裔美国钢琴家，以擅长演奏肖邦作品闻名。

[6] 大贺先生（Mr. Ohga）：指大贺典雄（Norio Ohga，1930—2011），

日本音乐家,激光唱片(CD)的发明者,索尼公司前总裁。

[7] 小野山广幸(Hiroko Onoyama):索尼公司雇员,西摩的多年好友,见本书第一部分"开始交谈"。

[8] 马友友(Yo-Yo Ma,1955年生于法国):华裔美籍大提琴演奏家。

[9] 德沃夏克的协奏曲:指捷克著名作曲家德沃夏克(Anton Dvorak,1841—1904)的《b小调大提琴协奏曲》(*Cello Concerto in b minor*),作品104号,发表于1895年。

[10] 耶胡迪·梅纽因(Yehudi Menuhin,1916—1999):俄国犹太裔美国著名小提琴家,拥有美国、瑞士和英国国籍。

[11] 耶胡迪·梅纽因1938年与澳大利亚一位百万富翁之女诺拉·尼古拉斯结婚,生有一子一女,但这次婚姻于1947年破裂。同年,梅纽因与伦敦西区芭蕾舞演员黛安娜·古尔德结婚,生有两子。

[22] 爱德华·埃尔加(Sir Edward Elgar,1857—1934):英国作曲家,其《b小调小提琴协奏曲》(作品61号)由克莱斯勒于1910年在伦敦首演,1932年由梅纽因演奏并录音,埃尔加亲任乐队指挥。又:梅纽因13岁时应是1929年。1932年他应是16岁。安德鲁记错了。

[13] 威拉·卡瑟(Willa Sibert Cather,1873—1947):美国女作家。1922年后,她在加拿大的大马南岛(Grand Manan)的鲸湾(Whale Cove)购一村舍,隐居其中。

[14] 拉维·香卡(Ravi Shankar,1920—2012):印度西塔尔琴(sitar,一种六弦或七弦弹拨乐器)演奏大师、传统印度音乐作曲家,居住于美国和印度两地。

[15] 帕布罗·卡萨尔斯(Pablo Casals,1876—1973):西班牙著名大提琴演奏家。

[16] 此指贝多芬的《D大调小提琴协奏曲》，作品61号，作于1806年。

[17] 乔治·埃奈斯库（George Enescu，1881—1955）：罗马尼亚著名作曲家、指挥家、小提琴家、钢琴家、音乐教育家，罗马尼亚民族音乐的奠基人。

[18] 塞西尔·比顿（Cecil Walter Hardy Beaton，1904—1980）：英国摄影家、日记作家、戏剧舞美设计师。

[19] 玛丽亚·卡拉斯（Maria Meneghini Callas，1923—1977）：希腊裔美籍著名花腔女高音歌唱家。

[20] 考文特花园（Covent Garden）：英国伦敦弓街的剧场聚集区，英国皇家歌剧院（Royal Opera House）所在地。

[21] 美狄亚（Medea）：指意大利作曲家路易吉·凯鲁比尼（Luigi Cherubini，1760—1842）最著名的三幕歌剧《美狄亚》（*Médée*，1797）。美狄亚是古希腊神话中的复仇女神，原为公主兼女巫，后为复仇杀死了自己的两个孩子。

[22] 卡拉斯童年时与母亲关系非常紧张。1957年，她与希腊船王奥纳西斯（Aristotle Socrates Onassis，1906—1976）产生了婚外情，两人为此离了婚，但并未结婚。奥纳西斯1968年与美国第35任总统肯尼迪（John Fitzgerald Kennedy，1917—1963）的遗孀杰奎琳（Jacqueline Kennedy，1929—1994）结婚，给了卡拉斯沉重打击，竟至失声。她在人生的最后几年独居巴黎，（一说）死于过量服用安眠药引起的心脏病发作。

11. 舞蹈

安德鲁：最后，我想集中谈谈我在你的教学幻想中发现的最有启发的一面：学习演奏乐器，就是学习怎样全身心地演奏人生。

西摩：完全正确。就是学习如何演奏人生。

安德鲁：这对我是个启示。它也是我所有这些年来在学钢琴、爱音乐过程中的体会。我从没给你弹过钢琴，而我若给你弹，你会发现我弹钢琴的技术就像我的意大利语，华丽有余，却不准确。即使如此，我有时突然觉得自己的心、智、灵、肉与音乐合为一体，还是要吃力地弹奏莫扎特或巴赫的某一首简单的曲子。我知道，我应当全身心地和一切正在演变的事物谐调一致，悉心关注它们，如此度过一生。但我认识你之前，从不认识具备如此透彻认识人生、如此理解人生真谛的人。那么，西摩，你自己是如何理解了这一点的呢？

西摩：嗯，我认为这个幻想始于我练琴时深刻关注自己的反应。

我记得一位非常成功的教授朋友曾对我说:"对我来说,写作不是一种生活方式。写作就是生活本身。"我想用"音乐"这个词替换她使用的"写作"一词,并满怀自信地说:音乐就是生活。音乐为什么就是生活呢?啊,音乐整合了造就健全者所需的一切。通过富有成效的练习和表演,我们能整合自己健康运作的身体中的精神世界、情感世界和智力世界。这完全像心理学家告诉我们的:健全者能整合健康运作的身体中的情感世界和智力世界。

因此,我若想学习一首乐曲,便会认为要做的第一件事情就是对乐曲做出情感反应,因为音乐基本上是一种情感语言。好,我现在对乐曲做出了情感反应,然后看见了作曲家写出的乐谱标记,不可胜数。注意,这里写的是"保持"(Tenuto)。它意味着"不要渐渐慢下来,而是就在此刻此处把速度降下来"。我若不照办,便是没有服从作曲家,没有贴近作曲家写那一小节音乐时的感情。于是,我的智力便开始运作。此刻,我的感情和思想综合了起来。我说不出感情和思想哪一个更重要,因为这两者已不再彼此分离。

安德鲁:你其实分不出哪些是你的感情,哪些是你的思想,因为它们共同运作,为音乐服务。

西摩:它们被综合了。

安德鲁:共舞。

西摩:"被综合"(synthesized)这个词最为贴切。它们被综合了。所以我现在想诱使一种无生命之物造就这种综合。你可以想象一下这种情况。钢琴有88个琴键,白键和黑键,你按下一个键,一个琴槌便会以某种速度击打一根琴弦。琴槌击弦越快,声音就越响;击打得越慢,声音就越轻。现在你可以想象一下我们怎样运用十根手指,每一根手指都有自己的个性,因此,它们必须综合起来,所以不再是十根手指,而是来自十指相会之处的观念(concept)。

你其实不会像钢琴家那样思考。我的意思是,我说出来的是对这个过程的事后回忆。因此,你一旦了解了你的乐器,就必须把你的身体与它连起来,这样才能真的使琴键下落,以精确的速度驱动琴槌,那个速度恰恰和你被综合的感情和思想相符。正因如此,我们才练琴。

那么,对这个过程的首要要求是什么呢?我们必须感谢肖邦提供了答案,因为他生前就开始整理一本钢琴教程。他是一位最有才华的教师。你了解肖邦的音乐,你说说看,他认为什么是对学习演奏钢琴的首要要求?我想它可能是"一切都在于诗意地演奏",或是"一切都在于美丽的曲调"。但肖邦是这么写的:"一切都在于正确的指法。"你现在停下来问:"他为什么那么想?"其理由就是:你若不能舒适地弹奏键盘,就根本无法表达感情。你的指法若不正确,你就不能把感情和思想综合起来。人手各不相同,器乐演奏家必须拿出自己的指法。最后还有一个要求:让双脚与踏板协调。安东·鲁宾斯坦对此说得最好。他说右踏板是"钢琴的灵魂"。总之,这一切都要付诸实施,都要传达给学生,引导学生进入音乐的核心。正如你所说,这与生活的过程毫无区别。

安德鲁：这和我独自进行了 40 年的精神灵修完全一致。我每一天都练习，每天练习很多次，练习我热爱的曼特罗[1]，练习冥想我崇拜的那些心象（visualizations）。我练习这些，是为了让自己保持一种广阔、彻底、清晰、温和的同情意识，因为我知道：我若保持了那种清晰明澈、广阔无边的同情意识，那么，无论我此生遇到什么事情，我都能挺身面对，用它做成音乐，而不会被它摧毁。伟大的音乐中有不同的段落，要求你的自制力和反复关注；同样，一切致力于严格的精神灵修的生活，也会遇到种种困难和阻力，除非你很顽强，除非你不断谦卑地探求能帮你克服它们的天恩。

西摩：对。换句话说，除非你不再是困难和阻力的受害者。

安德鲁：对。我将与现实共舞，而不是被现实压垮、伤害或扭曲。

西摩：我注意到，你经常使用"跳舞"（dancing）这个词。

安德鲁：对。

西摩：你能对我解释一下你为什么使用"跳舞"这个词吗？

安德鲁：在我看来——

西摩：你认为你我在共舞吗？

安德鲁：是。

西摩：这就像两个人之间存在着和谐，也像你和一种特殊体验之间存在着和谐，而你正在努力获得那种体验，对吗？

安德鲁：西摩，我必须对你说实话：在我看来，神（divine）就是舞蹈，而神的最伟大形象来自我在印度的出生地。在那里，神被表现为一位舞者，一手持毁灭之火，一手持创造之鼓。

西摩：啊，你是说这是一种宗教象征吗？

安德鲁：对，它叫湿婆舞王（Shiva Nataraja），即舞蹈之王（raja of the dance）。南印度的一些著名雕刻表现了古贤称为"湿婆舞场"（Shiva's dancing ground）的地方。雕刻中的舞神是一位英俊、优雅、健美的年轻男子，用四只手摆出舞姿。他右上方的手持着创造之鼓，左上方的手持着毁灭之火。右下方的手伸开，做出永久护佑的姿势；左下方的手臂伸开，指向他的右足，象征舞神向崇拜他的人们倾洒无尽恩惠。同时，他的右足踩着一个侏儒，那侏儒代表受限的、自私的自我（ego）。伟大的基督教神秘主义者——库萨的尼古拉斯[2]说:"上帝就是对立事物的相合。"我认为,我们在对舞神的这种表现里,见到了两种看似矛盾的性质的形象,最复杂,最令人敬畏,见到了神力的形象。

西摩:我听说过这个,但并不完全明白它的意义。

安德鲁:我最深的虔诚,就是把上帝视为舞者。人们很早就知道的次经《约翰秘传》[3]的经文残篇里,的确描述了耶稣在"最后的晚餐"上跳舞,并要门徒们跳舞。在那段令人震惊的《诺斯替福音书》经文里,你会发现这样一段话:"他被捕前……耶稣将我们召集起来说,'让我们对上帝歌唱,去迎接等着我们的事。'他吩咐我们围成一圈,手拉着手。耶稣立于中央……"[4]

西摩:然后跳舞?真的吗?

安德鲁:对。耶稣和他的门徒跳了舞,然后去经历被钉十字架的极大痛苦,然后复活。

西摩:他们真的跳了舞,是吗?

安德鲁:是。耶稣跳舞时唱出的话,已成了我的秘密信条。他在《约翰秘传》里说:"宇宙属于舞者。你不跳舞,便不知发生了什么。"

西摩：他说的"舞蹈"有什么特殊意义？

安德鲁：每一个把上帝视为舞者的人都认为：生活本身就是光明与黑暗这两极的舞蹈，宇宙就是物质与光的持续舞蹈——

西摩：你说的是运动。

安德鲁：动与静。光与物质。明与暗。这些对立的两极都在舞蹈。

西摩：所以，舞蹈其实是个隐喻。

安德鲁：它不只是隐喻；它还是终极的"真"（reality）。现在我们有量子力学来描述光能的运作了，那很像舞蹈。因此，宇宙即舞蹈，生活即舞蹈；而你若想真正获得充分、完整的认识，就必须能和生活的不同方面共舞，必须把舞蹈的狂热、美好和活力带进你的全部自我、身心和头脑。所以，我热爱这个形象，是因为跳舞要求你全身心地投入。你若想真正地过清醒的生活，你的整个身心就必须被爱、激情、勇气和智力点燃。我如此热爱你的音乐幻想，其理由之一就是：你描述自己坐在钢琴旁，头脑集中在音乐之"真"上，你的心就对音乐正在给你的那些辉煌信息敞开了。你的身体受过训练——

西摩：大脑，别忘了大脑。

安德鲁：我说了"头脑"，它指的就是大脑。

西摩：对。

安德鲁：且慢，且慢，让我说完——你的身体受过训练，而你描述的正是舞者的训练。

西摩：我现在明白这个了。

安德鲁：所以说，钢琴家与音乐共舞，与作曲家内心深处的意图共舞。为了能跳舞，你必须既非凡地恣纵（无拘无束），又必须非凡地自律（自我约束）。你必须把这两极完美地结合起来。

西摩：你必须听凭这种情况出现，再观察正在发生的事，这样你才能意识到它，才能不去干预正在发生的事。这就是我的方法。我只要听凭它出现就行了。我先依靠我最初的本能，再去注意事后回忆起来它们是什么。

安德鲁：我们回来说说你的教学吧。你用这种方式帮人们成为舞者，与音乐共舞的舞者。

西摩：其实，舞者擅长所有这些事。

安德鲁：我知道，他们的确如此。

西摩：他们因情感反应而动，其头脑教会了他们要激活哪部分身体，怎样激活那部分身体。这和演奏乐器毫无二致。

安德鲁：对，一模一样。他们演奏他们自己的乐器。

西摩：他们的身体就是他们的乐器。

安德鲁：对。但我看你弹琴时，我看到的是一位舞者，一位镇定、智慧、忘我的舞者。你的全部，你的身体、头脑、灵魂和精神，都在和音乐这个无形的世界共舞。

西摩：你想不想知道一件很有趣的事？你知道我的《用你自己的双手》那本书吧？你知道那本书中最重要的是什么吗？它叫作"钢琴舞蹈术"（Choreography at the Piano）。

安德鲁：对。

西摩：跳舞。

安德鲁：对。

西摩：我描述了它。我说："从某种意义上说，我们就是舞者。我们制造的每个瞬间都是舞蹈。我们的手指，我们的手腕，我们的胳膊，我们的身体，我们的腿，在踏板上——我们必须做出舞蹈术要求的正确动作，否则，我们就无法把我们感到的和想到的表达出来。"因此，我把"舞蹈术"这个词用在了钢琴上。我几乎没想到我会遇到某个人，他使我知道：在精神的世界里，在那个神秘的世界里，上帝正在跳舞。

安德鲁：能量——上帝就是有意识的能。光就是有意识的能。光的意识能在跳舞，以创造存在于光本身之外的、绝对的一切。光的舞蹈就是要维持被其自身的舞蹈跳出来的生命。光与一切各不相同的对立物一起，跳着一种规模宏大得无法置信的舞。

西摩：你是说，它是宏观世界的微观世界（the microcosm of the macrocosm）吗？

安德鲁：对。

西摩：宇宙在跳舞。

安德鲁：整个宇宙都在跳舞。

西摩：所以，我们就是其中的微观世界。

安德鲁：对。那就是你的教学方式如此使我感动之处。你真正教的，当然是一种能真正传达音乐精髓的方法，这种方法精确得惊人。但你还教了一件比这还要重要的事：你教了如何与"真"共舞，如何进入明晰的、自发的、受约束的忘我状态，这种状态能使你对身外发生的一切做出敏锐、迅速的反应。

这种对"真"的高度掌控会得到佛陀的承认，会得到耶稣的承认，而罗摩克里希那[5]则会把它视为人生目标。正因如此，我们此刻才会坐在这张沙发上：我们采取的方式虽然不同，却又深刻地一致，而我们一直追求的正是这种整合（integration）——你通过把自己奉献给音乐，以如此的美、诚实和激情，去追求它；我通过把自己奉献给灵修，通过它可能实现的一种光辉整合的幻想，去追求它。

西摩：我们殊途同归，因为我们都在追求同样的目标。

安德鲁：我们赞美的是同一种"真"。你称它为"精神之库"；我可以随意称它什么。名称并不重要。重要的是舞蹈。

西摩：千真万确。

安德鲁：重要的是，让这种振动的、精微的、柔和的、明晰的能量总是出现在我们心中。如此，我们才能度过最充分的人生，才能深刻地体会我们的才能，才能热爱来自我们朋友的天堂，才能享受现实本身的痛苦与狂喜。我们必须能跳着舞度过一生，把我们的死作为我们最后的舞蹈。鲁米写过一首绝好的诗，其中说："一天在你酒店，我喝了一点红酒；我扔掉我的身体这件长袍，我知道你会为我付酒钱，这个造物就是和谐。创造，毁灭，我为这两者跳舞。"啊，一位非常伟大的钢琴家弹奏《槌子键奏鸣曲》[6]，就是在演出用声音构成的、不朽的宇宙之舞；他还必须做个舞者，能传达那个舞蹈的全部激动人心的舞步。

西摩：我明白了。

安德鲁：要成为那样的舞者，钢琴家不但必须逐步发展你讲解的全部方法，而且要成为贝多芬传达的信息的真正伟大的阐释者，必须进入现实本身的舞蹈领域（它毫无掩饰，十分严酷），去领悟贝多芬为什么展开音乐的全部力量，以使自己能传达这种对立两极的芭蕾，它无比厚重，广阔无边。难道不是这样吗？

西摩：在钢琴上弹出一个音，弹出一首乐曲的第一个音，连这个动作都涉及手臂和双手的某种微妙的对立运动。我在玛莎葡萄园岛[7]时，给两位成年钢琴家上过大师班的课。其中一位是职业演奏家，另一位是业余爱好者。他们两人都弹得极好。我观察这些钢琴家的音乐表现和身体动作。他们把手指放在乐曲的第一个音上，按下琴键。我把这叫做"用鱼叉扎音"（harpooning a note）。因此，我就详细讲解了怎样减弱任何一首乐曲开始的那些音符。

有一条科学规律：要使任何东西运动起来，必须有来自反方向的预备性摆动击打。以高尔夫球为例：你必须驱动高尔夫球飞向远处，所以你必须先以把球打出去所需的准确速度，从你背后挥动高尔夫球杆。若想把球打到远处，你就必须较快地击球；你若只想把球推向近处，你击球的速度就必须较慢。预备性击球的速度较慢。这也是一种舞蹈，其双臂、双手和手指的舞蹈术非常精妙细腻。

现在说说钢琴键盘。钢琴每一个部件的运作都是对立的运动：你按下一个琴键，琴槌就抬了起来；你踩下该踩的踏板，制音器就抬了起来。你若想在钢琴上弹出响亮的声音，就降低手腕，把手指放在琴键表面。现在，你快速地抬起你的手腕，再快速地下沉，以便快速地按下琴键。这个动作把能量传给了琴槌，使琴槌快速抬起、击打琴弦，产生响亮的声音。相反，你若想在钢琴上弹出柔和的声音，换言之，你若想让预备性的摆动较慢，就必须采取相反的方法。必须记住的重点是：声音都被编制在了预备性的摆动击打中。

安德鲁：这些特殊的技术知识非常重要，除此之外，还有一种神秘的东西发挥着核心作用，并且永不枯竭。

西摩：你说得太对了。我们无论怎样学会了技术，无论学会了什么技术，最终还是要自我驱动（self-motivated），探求我们心中的真实，从我们的"精神之库"里抽取那些真正的秘密。一切秘密都在其中。我们必须谦虚，尽量向我们的导师学习，但不可因为导师没有教给我们一切（因为这不可能）而埋怨他们。因此，我们必须用课外时间自学。其实，我谈到的表演者全都承认：他们的老师只能把他们领到某个方向，其余的问题都由他们自己解决。

安德鲁：克利福德·柯曾传授给了你什么？我相信你一定把他看作了榜样，认为他代表了已经活跃在你心中的某种东西——那是一项义务，即不断地学习怎样用这种方式写出乐节（phrases），用那些音乐的美与真去提高众人。

西摩：我向他学习最多的，是观察他在钢琴键盘旁的做法。他从钢琴抽取出的声音，就是我努力达到的样板。因此，我懂得了如何通过某些舞蹈动作、用舞蹈术去再现那种声音。不这样做，钢琴就不会产生任何音乐。所以，你必须真正地忠实于你自己，聆听钢琴发出的声音。我总是对我的学生说："你们知道，我们很像腹语艺人（ventriloquists）。"我们坐在键盘旁，用不同的速度按下琴键，但声音却从离我们几英尺以外的地方发出来；在那里，琴槌被推动着击打琴弦，制音器上上下下地运动。你的耳朵必须注意那里，而不可注意键盘。你的身体在键盘旁，但作为腹语艺人，你的耳朵却在偶人的嘴所在之处。你明白我的话吗，安德鲁？

安德鲁：明白。 最后一个问题是：你愿意跟所有的教师沟通吗？

西摩：第一，你不是在教学生，而是在教人。第二，你能为学生做的最重要的事情，就是不但使他们对音乐里的一切都做出情感反应，而且更重要的是，对生活的各个方面都做出情感反应。这是第一位的。其他一切都排在它之后。安德鲁，对那些被称为精神导师的人，你想说些什么呢？

安德鲁：首先要学会怎样跟随神圣现实的音乐，美好地跳出你自己的人生之舞，尽量怀着神圣的自律意识，尽量怀着同情之心；如此一来，你教的东西便会随着湿婆舞王的节奏律动。印度的鲁米[8]马尼卡瓦萨卡尔[9]是湿婆神（Shiva）的虔诚信徒，他曾写道："教给我吧，敬爱的，将你舞蹈的舞步教给我，使我能谦卑地和其他人分享它们吧。如此我便能跟他们一起，在你身边跳舞了。"

注释：

[1] 曼特罗（mantra）：印度教教徒祈祷或冥想时唱念的咒语或颂歌。

[2] 库萨的尼古拉斯（Nicholas of Cusa，1401—1464）：德国天主教枢机主教、中世纪最伟大的神秘主义思想家、法学家、天文学家、实验科学家、哲学家、数学家。

[3] 《约翰秘传》（*Acts of John*）：见于《诺斯替福音书》（*Gnostic text* 或 *Gnostic Gospel*，又称《灵知派经书》），原文为希腊语，是早期基督教文献的残篇，记录了使徒约翰在希腊以弗所（Ephesus）传道的行述。由于《诺斯替福音书》被视为"次经"（apocryphal text，或"伪经"），此书不像《新约》中那样称为"行传"，而称为"秘传"。

[4] 有研究者认为：此处所说的圆圈舞（circle dance）是早期基督教的一种仪式活动，很可能基于古希腊人对圆圈舞的哲学意义（即它代表有序与无序）的认识。

[5] 罗摩克里希那（Ramakrishna，1836—1886）：印度的神秘主义者、瑜伽修行者（Yogi），生于孟加拉国。他在印度教的基础上提出了"人类宗教"的思想，认为世界上各种宗教所信仰的神都是同一个实体，只不过名称不同；各种宗教的目的都是一致的，都是要达到人与神的结合，实现普遍之爱和美好的生活。他主张不同宗教信仰的人联合起来。

[6] 《槌子键奏鸣曲》（*Hammerklavier*）：指贝多芬的晚期作品《降 B 大调第 29 钢琴奏鸣曲》，作品 106 号，作于 1817—1819 年，共四个乐章。

[7] 玛莎葡萄园岛（Martha's Vineyard）：美国马萨诸塞州的海岛，面积为 260 平方公里，为避暑胜地，也是美国许多艺术家和音乐家的居住地。

[8] 鲁米（Mevlana Jalal ed-Din Muhammad Rumi，1207—1273）：古波斯诗人、伊斯兰苏菲教派（Sufi）神学家。另见本书第一部分、第二部分和"间奏曲"。

[9] 马尼卡瓦萨卡尔（Manikkavacakar，意为"言辞如红宝石般珍贵的人"）：公元 9 世纪的印度贤哲、诗人，写有泰米尔语赞美诗集《神圣之言》（*Tiruvasakam*），包括 51 篇赞美诗。

尾声 尊重生活

安德鲁：西摩，现在我已和你同住了一个星期，与你同吃，与你共度不用上班的糊涂时光，一同探讨生活的诸多方面。昨天，你对待此地邮局那位腼腆、善良的女局长的态度，深深地感动了我。她正经历一次艰难的考验，突然向你倾诉，而我站在一旁听着。

你待她极为谦恭，放下了手头的一切事情——虽说我们回去工作之前还有另一些麻烦的琐事要做——听她倾诉，回答她的问题。你说得不多，而只是怀着爱心凝视她，拉着她的手，轻拍她的肩，以这样的方式让她知道你十分尊敬她、喜欢她、理解和同情她的痛苦。我们离开时，我回头看了她一眼。几乎可以说，她已因为安宁和接受了自己而容光焕发了。

昨晚我想去睡觉时，反复地想到了这个场景。我有很长时间都不明白：我为什么忘不掉这个场景的平凡又非凡的美，而现在我终于明白了。在你人生的这个阶段，你对待你做的每一件事情时的态度——从打扫你的房间，到为我做一顿绝好的鸡肉晚餐，到教学，到望海——我只能把那种态度称为"尊重生活"。岁月已使你跟你的

"精神之库"十分谐调：你精通它，和它一致，而这就使你也精通了整个世界，和它一致，并且无论谁在你面前，你都能用你本能的、富于治愈力的善意，自然地提供帮助。

因此，我知道了把我们深连在一起的另一个原因。我们都深深怀疑有组织宗教控制人们的方式，因为它宽恕排除异己、侵害和暴力的可怕行为。不过，我们对有组织宗教的怀疑，并没有驱使我们离开我所说的"神"（divine）和你所说的"精神之库"。相反，对我们两人来说，我们对人为的教条的幻灭，驱使我们直接与一种不断发展的真理更深刻地联系起来，驱使我们尊重那个真理，它总是超越人类能给它的一切名称和定义。

西摩：我思考生活的奇迹，思考不断扩大的宇宙，会怀着敬畏和惊诧俯身下跪。它们当然有其原因。不过，人们若是给这种力量取名，我还是会把它看作一种冒犯。在我看来，它超越了一切名称。我谦卑地面对它，并且坚信：对如此深邃的真理，我没有资格知道它的答案。我认为，谦卑的要义就是承认这一点，并毫不含糊地懂得某些问题、定义是没有答案的。

安德鲁：我很喜欢鲁米的一句话："真正热爱真理的人，怀着谦卑的狂喜为真理服务。"我认为这句话表达了至高的、最令人鼓舞的真理。西摩，你信上帝吗？

西摩：有一天，一位朋友发现我对宗教的看法使他不能容忍，便用一个问题谴责我说:"想象一下广袤无垠的宇宙,想象一下无法衡量的、无穷无尽的空间里的一个又一个银河系吧。你认为这是怎么形成的?你难道不会说这是某种智能创造并控制的吗?"

我的习惯回答使他不安了:"你这话难倒了我。"一听到有人用某位神明或其他任何解释说明这种现象,我就会认为这是冒犯。某些事物是不能被说明的,人们为什么不能承认这一点呢?

阿尔伯特·爱因斯坦写道:

> 我不能想象一位对他的造物实行奖惩的上帝,一位怀着和我们自己的意志相同的意志的上帝。我同样不能、也不愿想象一个肉体死后还活着的人;就让那些虚弱的灵魂出于恐惧或荒谬的利己主义去这么想吧。我满足于生命永恒的奥秘,满足于认识并瞥见现存世界奇迹般的结构,满足于全力奋斗、理解理性自动地展示在大自然中的某一部分,无论那个部分是多么微小。

——阿尔伯特·爱因斯坦:《我见到的世界》,纽约:《哲学丛书》,第11页,1949。

我也思考了主宰宇宙的某种力量,一种无名的神秘力量,一种远远超出了我们理解力的力量。我觉得给它命名就是贬低了它。我永远想象不出向它躬身祈祷。但对于存在之谜、对大自然、对创造性的天才们在众多世纪中取得的成就,我却会满怀惊奇和敬畏,躬身致敬。谦卑不允许我解释这些奇迹,也不允许我给它们命名。我顺从天意,绝不寻求某些问题的答案。我认为,我自己的存在其实就是一个最大的问号。

安德鲁：不过你也知道，西摩，我们每一个人都以各自的独特方式，秘密地联系着那个"精神之库"。

西摩：当然。但我发现：我们跟它联系得越紧，生活的奥秘就越是扩大、越是加深。我们知道得越多，我们对一切存在和宇宙本身越谦卑、越尊重，我们就越能获得启迪。

安德鲁：我觉得，我们已经一起经历了一切，表达了一切，我没什么可说的了，亲爱的西摩。感谢你，祝福你。

西摩：但还有一件事情没做。我们已经写到了我们这本书的末尾，因此我想表达我的祝福，但不是通过言语，而是通过音乐。我要弹奏巴赫，因为我们两人都认为：巴赫是一切作曲家中最伟大的。至于我们的读者，本书最后一页有一个 YouTube 的链接，读者可以听到最后这首音乐的祝福。

安德鲁：西摩微笑着，从沙发上站起身，慢步走向他缅因州的起居室里的钢琴，坐下来，开始弹奏根据巴赫的康塔塔《上帝的时间是最好的时间》[（*Gottes Zeit ist die allerbeste Zeit*）：巴赫的《第 106 康塔塔》（*Cantata No. 106*，*Actus Tragicus*，BWV106），为其舅父去世而作，1707 年首演。]改编的乐曲。他以前给我弹过那首乐曲，那是我们在纽约吃过一次极好的晚餐之后；而现在我却像是第一次听见这首乐曲一样。我以前从没听他或者任何人以如此权威性的诠释，以如此崇高的亲切之情弹奏过它。每一个音、每一个和弦，都在不可避免地、毫不费力地展开，其广阔性不断扩大，直到音乐仿佛不但充满了我们所在的房间，而且逐渐布满了房间外的整个世界。我知道他不但在祝福我，祝福我们的友谊，祝福我们共同完成的工作，而且也在祝福他自己，祝福天下众生的生命。

最后一个和弦响起时，我们都没有说话。在一个持久而永恒的瞬间，我，西摩，洒满阳光的草坪，屋外波光粼粼的大海，还有通向花园的台阶上的那只用力咀嚼杏仁的花栗鼠，都成为了一体，都平和安宁了。

西摩的最后祝福

https：//www.youtube.com/watch？v=idREATkJrnc

鸣 谢

安德鲁鸣谢：

感谢湿婆舞王，即舞蹈之王。感谢心灵相通的姐妹、伟大的老友 Patty Gift，感谢她相信我，通读了本书书稿。感谢 Ned Leavitt，感谢他无比慷慨地提供了多种精神支持。感谢 Janet Thomas，感谢她满怀爱心，办事精确。感谢 Anne Andrews，感谢她伟大健全的智慧和全部好意。感谢我在阿肯色州的家人 Frances 和 Mike Cohoon，感谢他们的爱。感谢 Chaz Ebert，感谢她本人，感谢她的金拇指奖。〔金拇指奖（Golden Thumb Award）：美国影评家罗杰·艾伯特（Roger Ebert，1942—2013）创办的"艾伯特电影节"设立的国际影评人奖，为伸出拇指的手部镀金雕塑。此节每年在美国伊利诺伊州香槟市的弗吉尼亚剧院举行。2013 年后，艾伯特的遗孀哈兹·艾伯特（Chaz Ebert）继续主办此节，将此奖命名为"罗杰·艾伯特纪念奖"（Roger Ebert Tribute）。纪录片《西摩简介》获得此奖后，西摩·伯恩斯坦曾说，这是他一生中的亮点之一。〕感谢 Ellen Gunter，亲爱的朋友，感谢她宝贵的、不知疲倦的工作。最后但同样重要的是感谢我可爱的猫咪杰德（Jade），感谢她带给我的欢乐。

西摩鸣谢：

感谢 Patty Gift、Ned Leavitt 以及海氏出版公司的全体人员。创造一本书，这当然需要大量人手。我听说这本书的副标题是"对话西摩·伯恩斯坦"，便知道著名学者安德鲁·哈维会向我提出一些问题，而我必须说出些有智慧的话。但我现在把这本书读了几遍，便坚信安德鲁传达的信息会大大影响所有的读者，无论他们是什么年龄，从事什么职业。从这位不平凡的人这里，我本人学到了大量的东西。说起编辑和出版这本书，我从未想到：这些专业人士和我的每一次接触都充满了热情、灵敏和关心，就像认真的音乐家诠释乐句。Patty Gift 和 Ned Leavitt 本身就是灵感。他们指导我、鼓励我、纠正我，所以是本书实质内容的真正来源。我衷心感谢出版公司的其他人员，你们总是以爱心和深厚的友善给我帮助。

PLAY LIFE MORE BEAUTIFULLY

Copyright © 2016 by Seymour Bernstein and Andrew Harvey

Originally published in 2016 by Hay House Inc. USA

Simplified Chinese edition © 2016 by China Renmin University Press

All rights reserved.

图书在版编目（CIP）数据

弹奏人生：西摩·伯恩斯坦访谈录/（美）西摩·伯恩斯坦，（英）安德鲁·哈维著；肖聿译. —北京：中国人民大学出版社，2016.11
书名原文：Play Life more Beautifully：Conversations with Seymour
ISBN 978-7-300-23630-8

Ⅰ. ①弹… Ⅱ. ①西… ②安… ③肖… Ⅲ. ①伯恩斯坦（Bernstein, Leonard 1918—1990）-访问记 Ⅳ. ①K827.125.76

中国版本图书馆CIP数据核字（2016）第272240号

弹奏人生
西摩·伯恩斯坦访谈录
[美] 西摩·伯恩斯坦
[英] 安德鲁·哈维　著
肖　聿　译
Tanzou Rensheng

出版发行	中国人民大学出版社		
社　　址	北京中关村大街31号	邮政编码	100080
电　　话	010-62511242（总编室）		010-62511770（质管部）
	010-82501766（邮购部）		010-62514148（门市部）
	010-62515195（发行公司）		010-62515275（盗版举报）
网　　址	http://www.crup.com.cn		
	http://www.ttrnet.com（人大教研网）		
经　　销	新华书店		
印　　刷	北京联兴盛业印刷股份有限公司		
规　　格	145 mm×210 mm　32开本	版　次	2016年11月第1版
印　　张	8.75 插页2	印　次	2016年11月第1次印刷
字　　数	163 000	定　价	39.00元

版权所有　侵权必究　印装差错　负责调换